소박한 어버이 삶을 고이 간직하다

효、전통 그리고 예술

소박한 **어버이 삶을**
고이 간직하다

효, 전통 그리고 예술

소박한 어버이 삶을 고이 간직하다
효, 전통 그리고 예술

1판 1쇄 인쇄 2020년 12월 31일
1판 1쇄 발행 2021년 1월 11일

엮은이 장종표(창녕장씨 승지공파)
인   쇄 장석기(창녕장씨 창산군파)
펴낸곳 도서출판 청송재
출판신고 2020년 2월 11일 제2020-000023호

주소 서울시 송파구 송파대로 201 테라타워2-B동 1620호
전화 02-881-5761 팩스 02-881-5764
홈페이지: http://csjpub.com
페이스북: https://www.facebook.com/csjpub
블 로 그: https://blog.naver.com/campzang
이 메 일: sol@csjpub.com

ISBN 979-11-970125-4-9
값 30,000원

www.csjpub.com

소박한
어버이 삶을
고이 간직하다

효, 전통 그리고 예술

일 러 두 기

1. 이 책은 〈도서출판 청송재〉가 소장하고 있는 보통 사람의 역사 유물과 명망 있는
   작가들의 예술품을 정리한 도록으로 개인 소장용 책자가 아니라 대중에게 읽힐 목
   적으로 발행한 책이다.

2. 본문 표기는 한글 전용을 원칙으로 하였다. 다만 한자를 병기해야 뜻을 더 잘 알
   수 있는 낱말은 한지를 병기하였다.

3. 한자 표기는 한글 뒤에 한자를 작은 글씨로 붙여 썼다.

4. 원문이 한자로 된 인용문은 한자를 본문 글씨 크기와 같은 크기로 표기하였다.

5. 도서명, 간행물명, 공연 제목 등 큰 분류는 대괄호 '≪'와 '≫'로, 논문, 소제목, 노
   래 제목, 기사 제목, 단체명 등은 소괄호 '〈'와 '〉'로 묶어 구분하였다.

6. 같은 분류에 여러 개의 항목이 있을 경우 특별한 분류 기준이 있는 경우를 제외하
   고는 연대순으로 게재하였다.

차례

서문

≪소박한 어버이 삶을 고이 간직하다. 효, 전통 그리고 예술≫을 발간하며

최근에야 돌아가신 어버이가 남긴 유품을 정리하였다. 나는 1993년에는 어머니를, 1994년에는 아버지를 여의었다. 연거푸 두 해에 걸쳐 어버이를 여읜 후, 제 생존에 급급해 그동안 돌아가신 어버이를 챙기지 못한 탓이다. 그리고는 오랜 세월이 지난 지금에 와서야 어버이가 남긴 유품을 제대로 정리하게 되었다. 유품 하나하나에 어버이의 얼굴이 선연鮮然하다. 유품을 챙기면서 어버이를 떠올리니 살아계실 때 바로 섬기지 못한 불효가 더할 나위 없이 후회스러웠다. 옛 성현 정철은 〈훈민가訓民歌〉에서 자효子孝를 이렇게 가르쳤다. "어버이 살아 실 제 섬길 일란 다하여라. 지나간 후에 애달프다 엇지 하리. 평생에 고쳐 못할 일이 이뿐인가 하노라."라고. 그렇다! 성현의 가르침이 비수로 꽂혀 가슴이 먹먹하였다.

유품은 어머니가 직접 썼거나 고이 보존한 책자, 서간書簡, 제문祭文들이고, 아버지가 지은 칠언율시七言律詩, 아버지가 받은 망권望卷, 아버지가 공부하던 책자, 향토 자료, 집안 족보와 각종 혼·상례와 예의범절에 관한 자료, 그리고 부동산 서류, 채권 등 생활 문서들이다. 나는 어버이가 돌아가신 후 생활고에 시달리던 젊은 시절에도 꽁꽁 뭉쳐둔 어버이 유품을 잦은 이사에도 보물처럼 귀중하게 여기며 싸서 옮겨 다녔다. 그러다 어느 정도 경제적 기반을 닦은 최근에야 비로소 이들을 정리할 수 있었다. 그리고 이들을 어버이 받들 듯이 정성껏 표구表具하고 정돈하여 내가 운영하는 출판사 〈청송재靑松齋〉 벽면에 둘러 걸어두고, 탁자 여기저기에 진열해놓았다. 살아계실 때 바로 섬기지 못한 불효를 지금이라도 유품으로 대신 섬길 마음이었을까. 어버이의 유품을 곁에 두고 항상 보면서 기리고 싶었다.

2020년 2월 나는 서울에서 조그만 출판사를 하나 차렸다. 그전에 나는 건강이 좋지 않아 이를 극복하고자 시작한 등산이 한국 백대명산을 완등하고는 그 기록을 책으로 출판한 적이 있었다. 이를 계기로 아예 출판사를 차려 출판 사업을 하게 되었다. 지금은 내 책 한 권을 포함해 달랑 책 몇 권을 출판한 작은 출판사지만 앞으로 '은은한 솔향이 샘솟는 좋은 책 만드는 집, 〈청송재〉'라는 슬로건으로 출판사를 운영하려고 한다. 어버이 유품과 소박하지만 경박하지 않은 여러 예술 작품을 출판사 사무실에 걸어놓고 보니 내가 운영하는 출판사 이념과도 잘 들어맞는다. 아니 어쩌면 어버이 유품을 정리하면서 나는 이런 출판사를 차려야겠다는 생각을 품었는지도 모르겠다.

아버지는 평생을 서생書生으로 살았다. 어머니는 가난한 서생에게 시집와 한순간도 편할 날 없이 어렵게 지내며 여덟 남매를 키워낸 한국의 보통 어머니다. 이런 필부필부匹夫匹婦가 남긴 유품이니 세상 사람들이 보면 특별하지 않을지 모른다. 오랜 세월이 지난 것이라 시대적 가치가 있는 것도 아니요, 필체나 문장력이 뛰어나 예술적 가치가 아주 높은 것도 아니다. 그렇다고 이 유품들은 나를 비롯한 가족이나 주위 사람들에게만 가치가 있는 것일까? 문득 나는 이런 의문이 들었다. 생각해보면 내 어버이 삶도 당대 대다수 필부필부 선조들의 삶과 다를 게 없었으리라. 어쩌면 내 어버이 유품은 당대 선조들의 삶과 문화를 잘 보여주는 역사적 가치가 있는 것 아닌가. 비록 예술적 가치 면에서는 어떨지 모르나 그 형태와 내용은 당대 삶을 그대로 고스란히 보존하고 있는 귀중한 것들이다.

어버이의 유품은 선조들의 삶의 전통을 이어 내려오는 역사적 산물이기도 하다. 어버이 윗대 선조들로부터 내려 받은 문화와 규범이 녹아 있고, 아랫대 자식들의 사상과 규범에 이어져 있다. 어버이 유품은 전통의 징검다리인 셈이다. 어버이의 유품은 나에게 뿐 아니라 나의 당대와 후세에게도 내려 전해야 할 선조들의 전통으로 받아들여야 한다. 다른 이 어버이의 유품도 똑같다. 여기저기 이런 것들이 모이면 전통이 되고 역사가 된다. 설화나 민요, 민화가 그렇게 이어져 왔다. 어버이의 유품은 나에게뿐 아니라 전통을 보존하고 계승하고 내려 잇는다는 차원에서는 무척 귀중한 보물이다. 비단 보통 사람의 보통 솜씨이긴 하지만 소박하고 아름다운 당대 삶을 표현하고 있다는 점에서는 어떤 골동품이나 예술품보다 오히려 더 귀중한 것 아니겠는가.

그날 이후 나는 다른 이들이 가진 고문헌이나 문서, 글씨, 그림 등을 수집하였다. 가까운 친지들, 학교나 사회 선후배로부터 고문헌이나 글씨, 그림들을 기증받았다. 꼭 고서나 고화가 아니라도 현재 생존해 있는 분들의 것도 모았다. 이름 없는 보통 직장인의 글씨도 받았다. 이들도 모두 시간이 지나면 전통을 이어가는 문화 예술 작품이 될 터이다. 그렇다고 많이 모을 수는 없었다. 어버이들이 남긴 유품이 모두 그리 많지 않았을 뿐 아니라 그들 스스로 간직할 만한 유품이라고 판단하고 보존하고 있는 경우도 많지 않았다. 대개의 사람이 그런 유품들을 눈여겨보지 않았을지도 모른다. 급기야는 인사동 화랑이나 고문서 가게에도 들러보고 인터넷 경매 사이트에서 경매 입찰로 낙찰받기도 했다. 이런저런 고문서를 수집하고 나서 보니 내 어버이 삶과 어울려 옛 선조들의 사람 사는 모습이 되살아나는 것 같았다.

생각이 여기에 미치자 내친김에 출판사에만 소장하고 걸어둘 것이 아니라 책으로 만들어 많은 사람과 함께 공유하고 싶어졌다. 나만의 세상에 가둬 놓을 게 아니라 한 사람이라도 더 볼 수 있도록 이 유품과 고문서들을 책으로 엮어 세상에 내는 것이 내가 할 도리가 아닐까. 살아계실 때는 제대로 섬기지 못했지만, 지금이라도 어버이 유품들과 지인들의 소장품을 책으로 엮어 발행한다면 선조들의 전통이 이 세상에서 빛을 얻어 재탄생하는 것이다. 감히 말하자면, 이 책은 굳이 누구에게 자랑하고자 만드는 자랑거리가 아니다. 나 홀로 혹은 가족이나 가까운 친지들끼리 본다 해도 의미가 있는 일이다. 굳이 억지를 부린다면 이 책 발행이 항상 내 어깨를 짓누르고 있던 불효의 무게를 조금이라도 들 수 있어 내 어깨가 조금 가벼워지는 듯도 하다.

이 도록은 내 어버이 유품을 모아놓은 책이지만, 이 세상 모든 어버이의 삶의 기록이기도 하다. 다만 내가 내 어버이의 삶을 기록하는 형식으로 책을 발간할 뿐이다. 혹시 책 발간 형식이 지나친 일반화로 견강부회한 것이라 오히려 어버이에게 무례를 범하는 일은 아닐지 저어하다. 아무쪼록 독자 여러분께서도 제 마음을 헤아려주시고 많은 지도 편달을 바란다. 아울러 이 도록 발간에 헌사를 써 축하해주고 편집 전 과정에서 큰 역할을 해준 족손 장인진 박사와 이 책 편찬에 적극 힘써준 배정환 후배에게 감사의 말을 전한다.

2020년 12월 〈청송재〉에서
엮은이 청송 장종표

헌사 獻詞

전통이란 무엇인가. 전통은 역사적 인식을 내포한다고 하겠는데, 이를 한 가문에 한정하여 생각한다면 가통家統이 선대로부터 후대로 전승되어온 현상이라 할 것이다. ≪시경詩經≫에 "너의 조상을 생각하지 않겠는가, 이에 그 덕(조상의 덕)을 닦을지어다(無念爾祖 聿修厥德 무념이조 율수궐덕)."라 한 것도 같은 의미이다.

우리나라 사람들은 문장이나 도덕적 행실로써 가문을 유지하는데 각별한 관심이 있었다. 일찍이 명곡 최석정崔錫鼎은 〈조씨보서曹氏譜序〉에서 명가名家가 되기 위해서는 "도덕으로써 인도하고, 문장으로써 드러내며, 절의로써 세워야 한다."라고 하였다. 조선시대 여러 성씨 가문에서는 이 같은 의식을 갖고 그 나름대로 가통을 전하려고 노력했을 것이다.

전통의 인식에 따른 실천적 핵심은 어디에 있겠는가. 마땅히 효孝에 있다고 하겠다. 우리 창녕 장씨 문중 선조께서는 일찍이 효에 심력을 다하여 '육대에 걸쳐 여덟 효자'를 배출한 가문으로 세상에서 칭송을 받았으니, 효행으로 가문의 전통을 잘 계승했다고 하겠다.

'청송青松'은 이 도록을 엮은이인 장종표張鍾杓의 아호雅號이고 그는 나에게는 족조族祖가 된다. 효행 가문에서 생장하였으니 효심이 특별히 남달랐다. 그간에 삼성그룹 중견간부를 역임하고 창립한 중소기업 경영에서 물러난 후, 또 다른 방식으로 사회에 기여하고자 출판사를 열었는데 그의 아호에 집 재齋를 붙여 상호로 삼았다.

최근 〈청송재〉에서는 전통적 문화에 주안점을 두면서도 동서고금 문화계의 역사, 사상, 인물, 유물 등과 관련 있는 명망가의 저술을 선정하여 양질의 출판을 기획하고 있다. 현 사회의 가치관 붕괴와 윤리적 타락 현상이 심화 되는 이때, 참으로 중요한 역할을 할 것이다. 그가 푸른 소나무 같은 지조로 사명감을 갖고 출판하는 것이므로 자연 정성이 내포되어 있을 것이니, 오늘날 가치관이 혼란스러운 사회에 소금 같은 역할을 할 것이라고 믿는다.

그 일환으로 이번에 도록을 발간하게 되었는데 서명을 ≪소박한 어버이 삶을 고이 간직하다. 효, 전통 그리고 예술≫이라 하였다. 내용을 살펴보니 선대의 유묵遺墨, 시문, 한글 가사, 한글 제문, 수택본手澤本 등을 비롯하여 우리나라 명인의 시액詩額, 서화書畫, 서첩 등 다양하다. 사진을 넣고 예쁘게 편집하여 한 책으로 묶으니 훌륭한 예술 작품집이다. 예술은 영원한 것이다. 이 도록에 효와 전통이 어울려 있으니 책상에 올려두고 가끔 완독玩讀하면 그 즐거움이 클 것이다.

이처럼 정성어린 소장품을 대하니. 어찌 선대의 업적을 생각하지 않겠는가. 가통을 전승하는 것이 나로 말미암는 것이지 남에게 말미암겠는가. 〈청송재〉의 무궁한 발전을 기원하며 즐겁게 헌사를 쓰게 되었다.

2020. 12.
문학 박사 장인진 씀

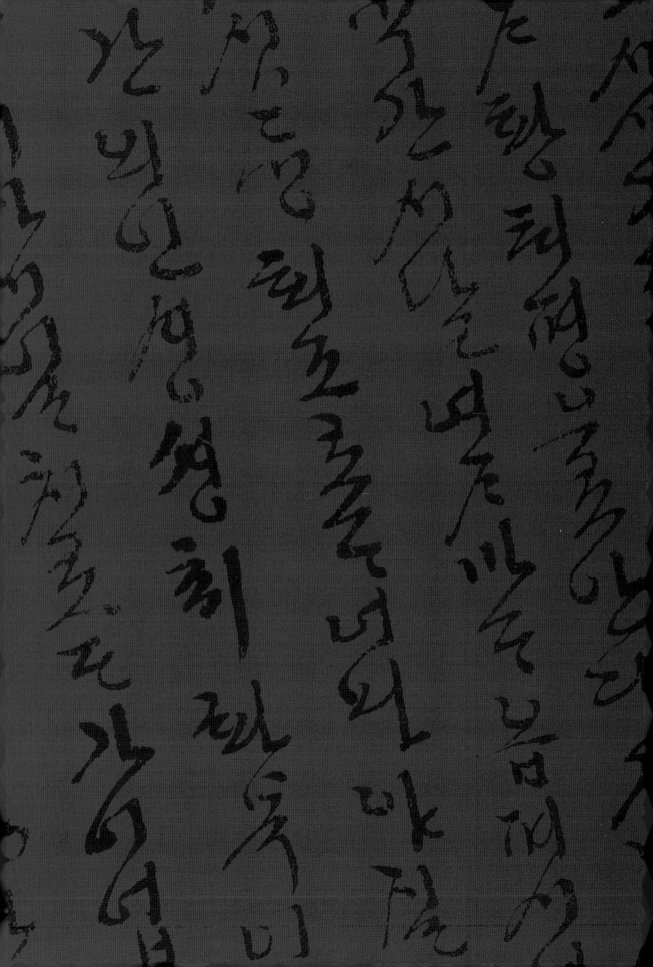

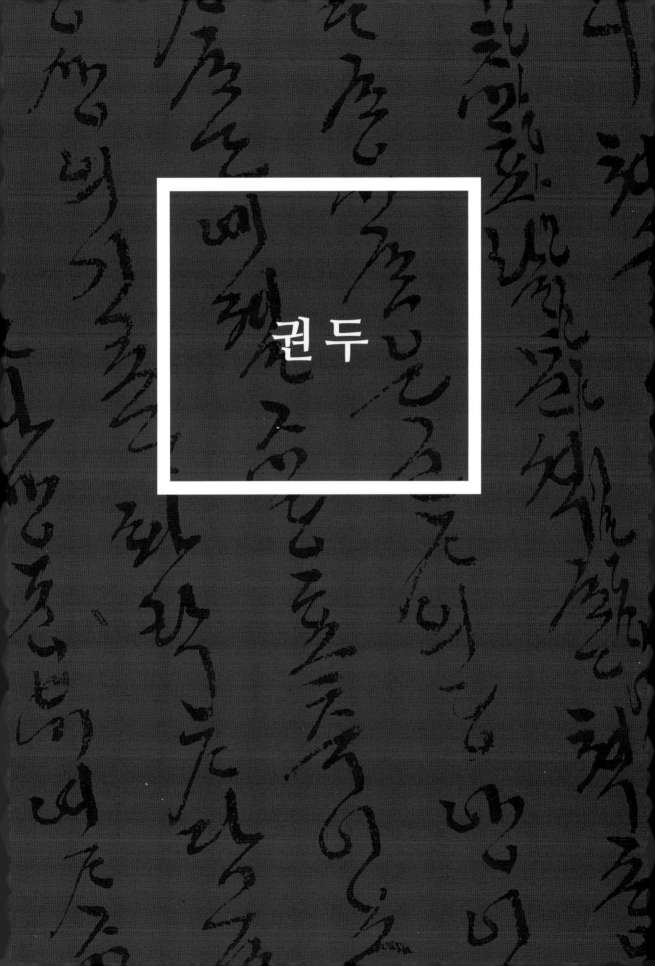

권두

엮은이
가계도

엮은이의 가계도

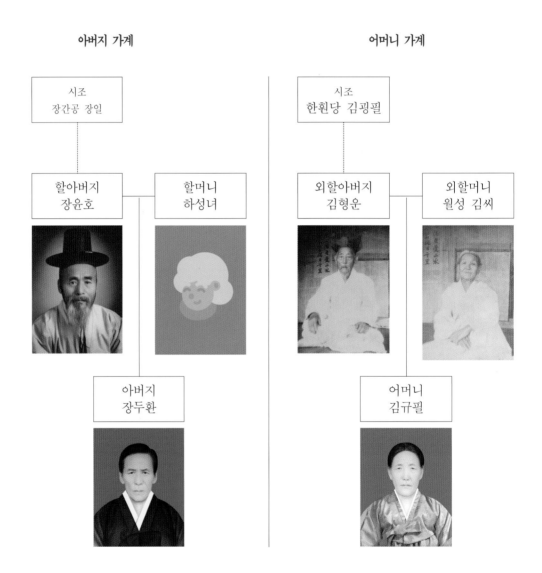

아버지 가계

시조
장간공 장일

할아버지
장윤호

할머니
하성녀

아버지
장두환

어머니 가계

시조
한훤당 김굉필

외할아버지
김형운

외할머니
월성 김씨

어머니
김규필

※ 할머니의 사진은 대소가의 사진첩을 아무리 뒤져도 없었다. 들리는 말에 의하면 할머니는 사진을 찍으면 혼이 빠진다는 속설을 믿어 사진 찍기를 아주 싫어하셨다고 한다.

엮은이의 본관 창녕 장씨에 대하여

〈출처: 창녕 장씨 대종회 홈페이지, http://cnjang.com〉

장씨張氏 유래

우리나라 장씨는 신라 귀족으로서 그 성씨의 역사가 매우 깊다. 신라 시대 저명인사로는 헌덕왕 14년(822)에 웅주도독 김헌창의 난을 진압한 장웅張雄과 신무왕 1년(839)에 청해진대사淸海鎭大使로 감의군사感義軍使와 진해장군鎭海將軍에 봉해진 장보고張保皐, 경애왕(924~926) 때 병부시랑兵部侍郎을 지낸 장분張芬 등을 들 수 있다. 고려 시대에는 경상도 안동 지방에서 권행權幸, 김선평金宣平과 함께 고창성古昌城을 지키며 고려 태조 왕건王建을 도와 후백제를 파하는데 크게 공을 세운 장정필張貞弼이 유명하다. 고려 태조는 이 3인에게 태사太師의 벼슬을 내렸으므로, 후인들이 이 분들을 삼태사三太師라 칭하였다. 고려 시대로부터 조선에 이르기까지 우리나라 장씨는 수효가 매우 많아져서 여러 갈래의 본관本貫이 형성되었다. 《증보문헌비고》에 의하면 장씨의 총 본관 수가 245본으로 파악되고 있는데, 후대로 오면서 대부분의 본관이 대동大同 통합되었으므로, 현재는 인동仁同, 안동安東, 창녕昌寧, 순천順天, 울진蔚珍, 단양丹陽, 흥성興城, 결성結城, 덕수德水 등 20여 본만이 남아 있다. 그 가운데 덕수 장씨와 절강 장씨는 귀화 성씨로 알려져 있다.

창녕 장씨 본관에 대하여

창녕 장씨 본관은 창녕의 옛 이름이 하성夏城에서 하산夏山으로, 다시 창녕昌寧으로 변천되었고, 시조 장간공이 하성군夏城君으로 봉군된 연유에 따라 지금까지 창녕 장씨와 하산夏山 장씨張氏가 함께 사용되고 있다. 창녕 장씨의 계통에 대해서는 세월이 오래되어 정확한 자료가 남아 있지 않지만, 대체로 창녕 장씨는 고려의 창업 공신으로서 삼태사의 한 사람인 장정필의 후손으로 보고 있고, 문헌에 따라서는 태사공 6대손 을파乙波가 하산군夏山君에 봉군되었다는 기록이 있다. 그 후 고려 원종 때 재신이며, 외교가인 장간공章簡公 장일張鎰이 하성군夏城君에 봉군되었으므로, 창녕 장씨는 현재 이분을 시조로 삼고 있다.

창녕 장씨 시조 장간공章簡公 장일張鎰에 대하여

시조 장간공의 초휘初諱(돌아가신 어른의 처음 이름)는 민敏이고, 자는 이지弛之이며, 창녕의 호족이다. 고려 희종 3년(1207)에 태어나서 고종 10년(1223)에 과거에 급제하고, 승평판관昇平判官에 임명되어 선정을 베풀었으며, 직사관直史館이 되었다가 전중시어사殿中侍御史로 옮겼다. 원종 초에 전라, 충청, 경상 삼도 안찰사按察使가 되었다가 이부낭중吏部郎中과 병부, 예부의 이부시랑兵禮二部侍郎, 좌간의대부左諫議大夫가 되었다.

원종 10년(1269)에 국자제주國子祭酒로서 서경란西京亂을 토평하고 서북면병마사西北面兵馬使가 되었으며, 원종 12년(1271)에 삼별초군이 진도에서 반거叛據할 때 공이 남방의 민심을 얻었으므로 경상도慶尙道 수로방호사水路防護使에 제수되어 난을 진무하였다. 그 다음 해에 첨서추밀원사簽書樞密院事, 한림학사翰林學士가 되었고, 원종 14년(1273)에 전라도지회사全羅道指揮使, 동지추밀원사同知樞密院事, 동지공거同知貢擧 등을 역임한 후 충렬왕 1년(1275)에 지첨의부사知僉議府事, 보문서태학사寶文署太學士, 수국사修國史가 되었고, 하성군夏城君에 봉군되었다.

시조 장간공께서 관직에 재직하던 중 "8차례나 원나라에 사신으로 다녀왔지만, 왕명을 욕되게 하지 않았다."(유계兪棨, ≪여사제강麗史提綱≫)는 기록이 있어서 원의 침공이 있었던 고려 조정의 어려운 시절에 공께서 외교적 수완을 발휘한 것이라고 본다. 1276년 5월 3일에 향년 70으로 졸하시자 조정에서 장간공章簡公이란 시호諡號를 내렸다. ≪고려사≫의 사평史評을 보면 "성품은 온공 정직하고 글을 잘 지었으며, 행정을 수행하는 재주가 뛰어났다(性溫恭正直 善屬文 長於吏才)."라고 하였다.

≪신증동국여지승람≫〈순천부順天府〉편과〈경주부慶州府〉편에 장간공의 시 2수가 전한다. 순천의〈연자루〉는 현재 중건 보존되어 있고, 장간공의〈연자루〉시詩는 근대에 새로 만들어서 걸었다.

장간공 시〈연자루燕子樓〉:
霜月凄涼燕子樓(상월처량연자루): 서릿발 같이 찬 달빛 처량한 연자루에는
郎官一去夢悠悠(낭관일거몽유유): 낭관 한번 간 후로 꿈만 유유하였네.
當時座客休嫌老(당시좌객휴혐노): 당시 좌객을 늙었다고 혐의하지 마소
樓上佳人亦白頭(누상가신역백두): 누각 위의 가인도 역시 머리가 새었네.

장간공 시 〈동경회고東京懷古〉:

四百年前將相家(사백년전장상가) : 4백 년 전의 신라 장군과 재상들은
競開臺榭幾雄誇(경개대사기웅과) : 다투어 누대 지으니 웅장함을 얼마나 과시했을까?
只今繁麗憑誰問(지금번려빙수간) : 이제 그 번성하고 화려했던 일들 누구에게 물으리
野杏山桃泣露華(야행산도읍로화) : 들살구 산복사꽃 이슬 맺혀 눈물 흐르듯 답해주네

사가四佳 서거정徐居正이 지은《동인시화》의 〈의성관루義城館樓편〉에 의하면 시조
장간공의 아들 정하廷賀에 관한 이야기가 나오는데, 즉 시조공의 아들은 일찍이
의성현수義城縣守인 오적장吳迪莊의 딸과 약혼을 하였다고 기록되어 있다.

시조공의 묘소는 창녕군 대지면 용소리龍沼里의 헌진산獻津山에 계좌癸坐로 모셔져
있으며, 의성인 척암拓菴 김도화金道和가 지은 비문碑文의 묘비가 세워져 있고, 지난
1988년에 이 비문을 번역한 국역비國譯碑를 별도로 세웠다.

제파諸派의 후손들이 참사하는 묘사는 음력 10월 첫 일요일이며, 한편 용소리 동민들(다
른 성씨의 동민들)이 매년 정월 보름날에 우리 시조공의 묘소에서 동제洞祭를 지내는
것이 고래古來의 전통이 되고 있다.

순천 연자루

서흥 김씨에 대하여

서흥 김씨金氏 시조 한훤당寒喧堂 김굉필金宏弼

김굉필은 1454(단종 2)년에 태어나 1504년(연산군 10)에 졸하였다. 조선 중기의 문신
이며 학자이다. 자는 대유大猷이며, 호는 사옹簑翁, 한훤당寒喧堂이고, 시호는 문경文敬이
다. 서울의 정릉동에서 태어났으나 주로 경상도의 합천, 현풍 등에서 살았다. 1475년
(성종 5)에 당시 함양군수로 있던 김종직을 찾아가 ≪소학≫을 배웠다. 이후 평생토
록 ≪소학≫의 가르침을 굳게 믿고 실천하는 데에 힘써, 나이 서른이 넘어서야 비로소
다른 책을 읽었다고 한다. 1480년(성종 11) 생원시에 합격하였으며, 이때 성균관 생원
으로서 불교를 배척할 것을 주장하는 소를 올리기도 했다.

그 뒤 학문을 수련하고 후학을 양성하며 지내다가, 1494년(성종 25) 경상도 관찰사
이극균李克均이 천거하여 남부참봉을 제수 받았고, 이후 군자감주부, 사헌부감찰, 형조좌
랑 등을 역임하였다. 1498년(연산군 4)에 무오사화가 일어나자 평안도 희천에 유배되었
고 2년 뒤에 다시 순천으로 옮겨졌으며, 1504년에 갑자사화로 극형에 처해졌다. 중종반
정 후에 신원되었으며, 1610년(광해군 2)에는 정여창, 조광조, 이언적, 이황 등과 함께
오현五賢으로 문묘에 종사되었다.

아산의 〈인산서원〉, 서흥의 〈화곡서원〉, 희천의 〈상현서원〉 순천의 〈옥천서원〉, 달성의
〈도동서원〉 등에 제향되었다. 시문 약간과 행적에 관한 자료, 관련 기록 등을 모아놓은
≪경현록景賢錄≫이 전한다.

어버이를
추억하는
사진첩

아버지의 청년 시절

아버지의 청년 시절

아버지의 청년 시절

아버지의 젊은 시절

아버지, 어머니의 젊은 시절

어머니의 소학교 시절과 외가 식구들 사진

1940년 9월 25일, 어머니의 구지 심상소학교 시절
수학여행 기념사진. 지금으로부터 80년 전 사진이다.

1941년 3월 8일, 기념사진.
뒷줄 오른쪽에서 세 번째가 어머니이다.

1941년 어머니 구지 심상소학교
제2회 졸업 기념사진.
앞줄에서 오른쪽 두 번째가 어머니이다.
지금으로부터 79년 전 사진이다.

외할아버지 외할머니와 함께 찍은
외가 식구들 사진

야유회에서 일가친지들과 찍은 어머니 사진들

다보탑에서 찍은 어머니, 큰어머니를 비롯한
엮은이의 시골 동네 아주머니들

1986년, 천지연 폭포 앞에서
큰어머니, 어머니, 종숙모 두 분

1986년, 제주도 용두암을 배경으로 큰어머니와 어머니

성류굴에서

엮은이의 어리고 젊은 시절

엮은이의 어린 시절 유일한 사진이다.
아버지, 어머니, 넷째 누나, 그리고 엮은이

고향의 멋진 소나무 옆에서 찍은 엮은이 사진.
이 소나무는 그네를 매는 소나무이었는데
지금은 사라지고 없다

일병 시절, 장단반도 철책선 근무 중에 찍은 사진

고향의 명품 반송(일명 만가지 소나무) 옆에서 찍은
엮은이 사진. 아쉽게도 지금은 이 만가지 소나무는
팔려가고 그 자리에 손자반송나무가 심어져 자라고 있다.

할아버지, 아버지 형제들과 아버지 4촌

할아버지

작은아버지 대학생시절

대성전 앞에서 예를 올릴 준비를 하는 큰아버지와 아버지

순천 연자루에서 아버지와 종숙부

엮은이 시골집 마당에서 큰아버지와 아버지

부산 용두산 공원에서 할아버지와 할아버지 생질

1956년, 작은아버지 결혼식 사진. 아쉽게도 할머니, 아버지, 어머니, 큰어머니 모습이 보이지 않는다.
아마도 그 당시 창녕에서 부산까지 결혼식 참석이 쉽지 않았으리라.

아버지
양례식
관련 유품

처사간송하산장공 양례집사분정
處士澗松夏山張公 襄禮執事分定

> 엮은이의 아버지가 돌아가신 1994년 음력 11월 22일(양력 12월 24일) 하루 뒤인 1994년 12월 25일〈창녕향교〉의 전통 상례 격식에 맞추어 작성한 아버지 양례(장례) 업무 분장표이다.

▶▶ 과거 지방紙榜을 쓸 때 벼슬을 한 분은 벼슬을 기록하였지만 일반 서민의 경우 부친의 지방은 현고학생부군顯考學生府君으로 작성했다. 위 분장표 제목을 보면 아버지의 경우 "처사간송하산공處士澗松夏山張公"으로 기록되어 있다. 처사는 벼슬을 하지 아니하고 초야에 묻혀 살던 선비, 혹은 세상 밖에 나서지 않고 조용히 살며 일반 사회를 멀리하던 선비를 일컫는 말이다. 거사居士라고도 한다.

▶▶▶ 간송澗松은 엮은이 아버지의 호로 우리 마을이 경남 창녕군 고암면 간상리 간적이므로 마을을 꿋꿋이 지키는 소나무라는 의미에서 간송으로 불렀다.

만사 만간송족조 두환 輓詞 挽澗松族祖 斗煥

족손 장병식 교장이 아버지 돌아가심을 애도한 만사

曾求仁志事西公(증구인지사서공) 일찍이 인지 찾아 간서공 섬기며
二百年來守古風(이백년래수고풍) 이백 년 내려오는 옛 풍도 지키셨네

戊子修譜初驗苦(무자수보초험고) 무자년 수보 처음 겪은 고생이더니
壬申竪碣晚供衷(임신수갈만공충) 임신년 입석 마지막 올린 정성이네

不更操履終身欲(불경조리종신욕) 몸가짐 바꾸지 않고 한평생 하려 했고
無寫楷書次中同(무사해서차중동) 해서체 모뜸없이 왕차중 같았네

澗赤方今孤燭盡(간적방금고촉진) 시치는 이제 외로운 촛불 꺼지니
絳帷何處涕盈瞳(강유하처체영당) 선비 방 어디있나 눈물이 앞을 막네.

族孫炳植再拜哭 輓(족손병식재배곡 만)

간송처사하산장공
수갈 기념식

澗松處士夏山張公
竪碣 記念式

아버지가 돌아가신 지 25년이 지난 2020년 6월 1일
(음력 윤4월 10일)에야 비로소 부모님 묘역을 정비하고
수갈 기념식을 가졌다. 살아생전 잘 돌보지 못한 마음의
빚을 조금이나마 더는듯하여 마음이 가벼워진다. 내친김에
가족 묘역까지 정비하였다.

묘비명 墓碑銘

묘갈은 무덤 앞에 세우는 작은 비석을 말한다. 네모진 것은 묘비墓碑라고 한다. 아래 묘비명은 엮은이 아버지 묘비에 새겨진 글이다.

澗松處士夏山張公之墓

歲初我族祖鍾杓氏邀余於在京之其書室青松齋而訪之則其家藏之先考妣
遺文爲常設展示余感其孝思也近者請其先府君墓銘義不辭公諱斗煥字汝
章吾張氏本貫夏山麗朝知僉議府事夏城君諱章簡公諱鎰爲始祖入鮮朝有
諱友誠官至都承旨三傳諱山陰縣監又三傳諱是行號嚴溪以孝
蒙旌享高岡院其子諱翼禧出爲叔父諱漢是孝后其子諱滿以孝復其子諱漢
弼以孝鄉薦於公五代祖曾祖命邦祖曰大璣性寬弘有度考曰允昊號農嚴
質性寬嚴敏容儀端雅自幼孝悌至篤奉親盡德錄而一門子弟教育之資焉且中年從事於睦族之道癸
平居尚和平暇日讀書手寫喪禮抄世德錄爲之誠力營辦也中年取歲從事於睦族之道癸
自號澗松譜原與夫人同塋異墳配瑞興金氏寒暄堂先生后
之任而各盡其力甲戌十一月二十二日卒享年七十三有遺詩文若干篇
于潤集備婦德有歌辭數篇及諺簡祭文生四男四女曰琳杓出伯父禎媛女適永成用基子樂豹成
三星集團中堅幹部創起中小企業士兼政府中央部處行政事務官禎媛藥師瑮田成
明于之敏備婦德有建築士建築士府中央部處行政事務官
德男校長黃君允中女允智杓貞旭杓女丁文丁允成溫永子樂豹成用基子樂
杓男炳中女允智鴻佑鎮黃君瑞斗玹琳杓子玹琳杓子樂睦以下不錄噫公以孝友治家
正德子鎮鴻佑鎮黃君瑞斗亦踐履篤實必有永錫爾類者歟銘曰
謹守于法家天挺英特孝有淵源禮爲儀則繼述先業不急倫德教子義方家規手
錄生以謹校于法家薦望宗事勞績一松加青流芳千百
歲庚子閏四月日　　族玄孫　文學博士　仁鎮　謹識

간송처사 하산장공 묘비명 번역문

공의 휘는 두환斗煥이고 자字는 여장汝章이다. 우리 장씨의 본관은 하산인데 고려 때 지첨의부사로 하성군에 봉군된 장간공章簡公 휘 일鎰이 시조가 된다. 조선조에 들어와서 휘 우성友誠은 벼슬이 도승지에 이르렀고, 3대 내려와서 휘 순수順受는 문과에 급제하여 산음현감이 되었다. 또 3대 내려와서 휘 시행是行은 호가 암계巖溪인데 효행으로써 정려旌閭를 받았으며, 고강서원에서 제향하고 있다. 그 아들 휘 익희翼禧는 숙부 휘 시효是孝의 아들로 출계하였다. 그 아들 휘 만滿은 효행으로 부역을 면제 받았고, 그 아들 휘 한필漢弼은 효행으로써 창녕 고을에 천거되었는데 공에게는 5대조가 된다.

증조는 명방命邦이고, 조부 대기大璣는 성품이 관홍寬弘하고 법도가 있었으며, 아버지 윤호允昊는 호가 농암農嚴인데 성품이 관엄寬嚴하고 법도가 있었다. 어머니는 진양 하씨로 하태한河泰漢의 따님인데, 1922년 1월 18일(음력)에 공을 간적리 집에서 낳았다.

공은 자질이 영민穎敏하고 용의容儀는 단아하였으며, 어려서부터 효성과 우애가 지극하고 부모 봉양하는데 뜻을 다하였고, 조상의 업을 잘 지켰을 뿐만 아니라, 종족들과 화목하게 지내는 도리를 게을리 하지 않았다. 평소에 화평을 숭상하였고 틈나는 대로 예서를 읽어서 손수 ≪상례초喪禮抄≫, ≪세덕록世德錄≫ 등을 기록해서 집안 자제의 교육 자료로 삼았다. 그리고 ≪계축보≫ 편찬, 〈용연재〉 이건, 산음현감공 비석 세움 등의 일에는 모든 정성과 힘으로 잘 판단하여 처리하였다. 중년에는 ≪논어≫의 "날씨가 추워지고 나서야 소나무와 잣나무가 뒤늦게 시들게 됨을 알게 된다(歲寒然後知松柏之後彫也)."라는 고사를 취하여 자호를 간송澗松이라 하고 몸가짐을 바꾸지 않고, 분수를 지키며 스스로 즐거워하였다. 항상 자녀에게 훈계하기를 "옛사람의 책을 읽고 의당히 의리를 강구해라."하였고, 만년에 향교, 서원의 임원을 맡아서는 각각 그 능력을 다하였다. 1994년 11월 22일(음력)에 졸하니 향년 73세이고, 남긴 시문 몇 편이 있다. 간적 대등 산기슭의 건좌 언덕에 안장하였는데, 부인과 같은 묘역에 봉분만 달리하였다.

배위는 서흥 김씨로 한훤당寒暄堂 선생의 12세손인 김형운金衡運의 따님인데 명민한 성품에 부덕婦德을 갖추었으며, 가사 수편과 언문 간찰, 언문 제문을 남겼다. 4남 4녀를 두었으니, 아들 임표琳杓는 백부에게 출계하였고, 종표鍾杓는 삼성그룹 중견간부를 역임하고 중소기업을 창립하여 일구었으며, 찬표璨杓는 건축사이고, 다음은 욱표旭杓이다. 딸은 성온영成溫永, 성용기成用基, 교장 성정덕成正德, 황군서黃君瑞 등에게 출가하였다. 종표의 맏딸 미정籹禎은 변호사 겸 정부 중앙부처 행정사무관이고, 둘째 딸 정원禎媛은 약사이다. 찬표의 아들은 병중炳中이고 딸은 윤지允智, 윤정允貞이며, 욱표의 딸은 정문丁文, 정윤丁允이다. 성온영의 아들은 낙표樂豹이고, 성용기의 아들은 진수鎭洙, 진전鎭田이며, 성정덕의 아들은 진홍鎭鴻, 우진佑鎭이고, 황군서의 아들은 두현斗玹이며, 출계한 임표의 아들은 병락炳樂, 병목炳睦이고 그 이하는 기록하지 않는다. 아! 공은 효도와 우애로써 가정을 다스렸고, 청전靑氈(선대의 유물)을 삼가 지켰으며, 그 아들들 또한 실천함이 독실하니, 반드시 대대로 복을 받을 것이다. 명銘을 하기를,

법도 있는 가문에 태어나서 타고난 자질이 영특하였네.
효도에 연원이 있었고 예절에 의칙(법칙)을 지극히 하였네.
조상의 업을 잘 이어받고 윤리 도덕 게을리 하지 않았네.
자식에게 올바른 도리 가르치고 가규家規를 손수 기록하였네.
향교 서원에 천망이 되었고 종중의 일에 공적이 있었네.
한 소나무에 푸름을 더하니 꽃다운 향기(명성) 후대에 전하리.

경자년(2020) 윤사월, 족현손 문학 박사 인진 근지

간송처사 하산장공 수갈 고유문
澗松處士 夏山張公竪碣 告由文

수갈 기념식을 할 때 집례執禮를 맡은 사람이 부모님 영전에 고하는 글월이다.
족현손 장인진 박사가 집례를 맡았다.

恭惟府君夏山士人(공유부군하산사인) 공경히 생각건대 부군께서는 창녕 선비로
生長法家繼述先訓(생장법가계술선훈) 법도 있는 가문에서 태어나 선업 계승했네.

奉親孝悌出百行源(봉친효제출백행원) 부모봉양 형제우애 백행의 근원에서 나왔고
取松爲號操履守分(취송위호조복수분) 송을 취해 호 삼아서 지조와 분수를 지켰네.

校院薦望宗事營辦(교원천망종사영판) 향교 서원 소임과 종사 일에 능력 발휘했고
治家有規保存靑氈(치가유규보존청전) 집안 다스림에 가규 있고 세업도 잘 보존했네.

亦奧孺人明敏婦賢(역오유인명민현부) 또 유인 서흥 김씨는 명민하고 어진 덕이 있어
珠玉諺作歌辭祭文(주옥언작가사제문) 주옥같은 언문으로 가사 제문 수 편 남겼네.

簡辰擇吉伐石表阡(간진택길벌석표천) 길일 택해서 비석 돌 다듬어 묘에 세우니
伏惟尊靈庶歆是筵(복유존령서흠제연) 존령께서는 이 자리에 내려와서 흠향하소서.

고유문告由文
중대한 일을 치른 뒤에 그 내용을 적어서 사당이나 신명에게 알리는 글.

수갈 고유제 장면

부모님 묘역 정비

수갈 고유제 장면

가족 묘역

부모님 산소 밑에 형님 산소도 이장하였고, 아버지가 좋아하는 소나무(반송)를 두 그루를 심었다. 꽃을 특히 좋아하는 어머니를 기리는 마음에서 각종 꽃나무(미스킴라일락, 영산홍, 남천, 배롱나무, 꼬리조팝나무, 수국 등)를 심어 가족 묘역을 정비하였다.

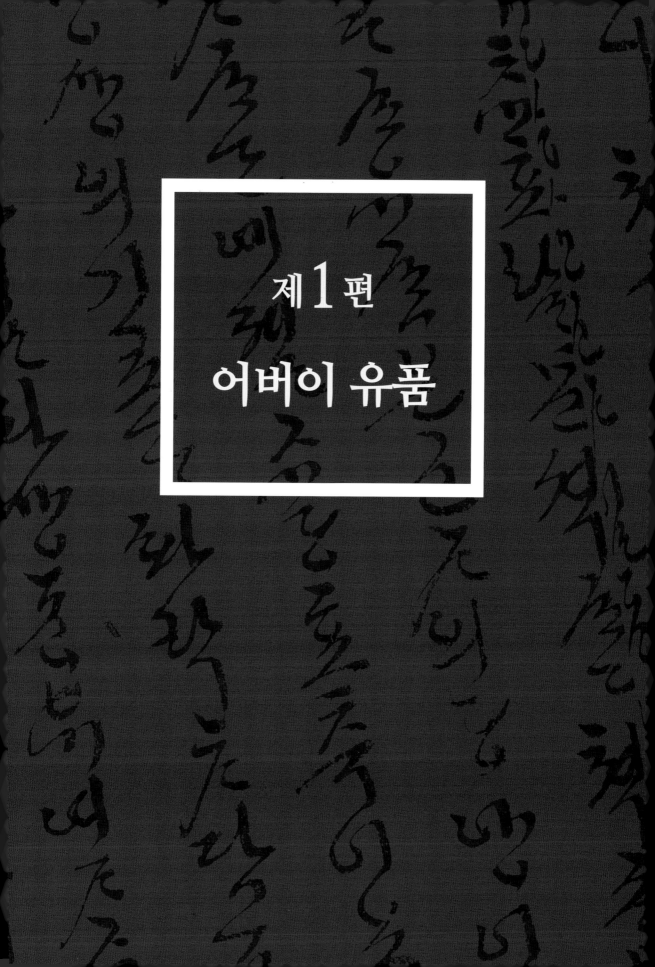

제1편

어버이 유품

어버이 약력

아버지 장두환張斗煥

1922년 2월 21일(음력 1922년 정월 18일)에 태어나 1994년 12월 24일(음력 1994년 11월 22일)에 돌아가셨다.

할아버지 장윤호張允昊와 외할머니 하성녀의 둘째 아들이다.
본관은 창녕昌寧으로 고려 시대의 문신인 장간공章簡公 장일張鎰(1207~1276)의 30세손이다.

보통학교를 졸업하시고 서당에서 수학하였다.
〈창녕향교〉에서 장의掌議를 맞는 등 지역 유림에서 많은 활동을 하였다.

창녕 장씨는 경남 창녕군 고암면 간상리 간적동에 집성촌을 이루고 사는 효자 집안으로 잘 알려져 있다. 2020년 창녕 장씨는 전국에 6천 5백여 명 정도밖에 없는 희소稀少한 성씨로 그렇게 큰 성씨는 아니지만, 고래古來로 창녕을 본관으로 하는 사족士族 대성大姓인 창녕 성씨成氏와 창녕 조씨曺氏와는 물론이고 전국 규모의 대사족大士族을 이루고 있는 서흥瑞興 김씨金氏, 파평坡平 윤씨尹氏, 벽진碧珍 이씨李氏 등과 동등한 혼반婚班을 이루고 있는 가문家門이었다.

아버지 유품으로는 수택본手澤本, 칠언율시七言律詩, 망권望圈, 각종 생활 문서 등이 남아 있다.

어머니 김규필金奎畢

1925년 4월 7일(음력 1925년 3월 15일)에 경북 달성군 구지면 지동(못골)에서 태어나
1993년 2월 2일(음력 1993년 1월 11일)에 돌아가셨다.

본관은 서흥瑞興으로 한훤당寒暄堂 김굉필金宏弼(1454~1504)의 13세 후손이다.
외할아버지는 김형운金衡運이고 외할머니는 월성月城 김씨金氏이다.

당시 시골 여성으로서는 다닐 엄두조차 내지 못한 〈구지 공립 심상소학교〉를 2회로
졸업(1941년)하여 신학문을 조금 접하였고, 부친으로부터 천자문을 이수하였다.

소학교를 졸업하고 난 이듬해에 17세의 나이로 가난한 서생書生의 집안으로 시집와
슬하에 8남매(4남 4녀)를 낳아 기르면서 온갖 경제적인 고초를 다 겪었다. 경제력이
변변찮은 집안으로 시집온 어머니이었지만, 본인은 정작 입지도 먹지도, 심지어는
아파도 치료받지도 못하는 지경에 있으면서까지 8남매를 기르셨다.

또 가문에 각종 대소사가 있을 때, 어머니는 필요한 각종 서면書面을 도맡아 짓고
쓰고 하였다. 특히 친척들이 결혼식을 할 때 꼭 필요한 사돈지査頓紙를 한글로 써주기도
하고, 상례喪禮에 필요한 한글 제문을 지어 절차에 맞게 낭독하기도 하였다. 자수,
봉제 등 여러 면에서 재능이 많아 헝겊 자투리를 이용하여 베개보를 만들거나 누비이불
이며 이불보와 옷을 만들 정도로 솜씨가 뛰어났다.

어머니 유품으로는 〈사향곡〉 1본, 한글 서간문집 2권, 그리고 사돈지 수십여 점, 그리고
본인이 직접 지어 읽은 제문 수점이 남아 있다.

사향곡 思鄉曲

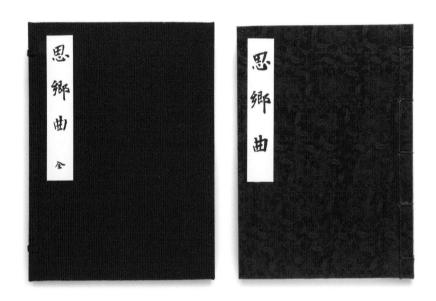

표지의 '思鄉曲' 이라는 글씨는 해정海亭, 밀물 최민렬 선생의 글씨이다.

〈사향곡思鄉曲〉 유래

〈사향곡〉은 조선 후기에 지어진 작자 미상의 규방가사이다. 〈사향가思鄉歌〉라 부르기도 한다. 형식은 3 · 4조와 4 · 4조가 주축을 이룬다. 2음보를 1구로 계산하여 전체 247구이다.

내용은 시집살이하는 젊은 여인이 결혼 후 한 번도 찾아뵌 일이 없는 친정에 안부를 묻는 것으로, 전체를 4단으로 나눌 수 있다. 제1단은 봄이 되자, 친정이 그립고 돌아가신 어머님과 늙으신 아버님께 효도하지 못함을 한스러워한다. 제2단은 손위 친정 올케와의 정의情誼와 형제, 조카아이들에 대한 그리움을 읊고, 내세에는 남자가 되어 효도하고 싶음을 노래한다. 제3단은 아버지가 오시면 위로해드리려고 작년 봄에는 화초를 심었으나 오시지 않았고, 이웃 마을까지 오셨던 당숙이 그냥 돌아간 이유를 자신이 여자인 탓이라고 하면서, 여자 된 신세를 한탄하고 달의 신세를 부러워한다. 제4단은 아버님의 만수무강을 축원한다. 이 작품은 문안편지의 성격을 띠고 있으며, 이에 대한 답가인 올케의 〈답사향곡答思鄉曲〉이 있다.

출처: [네이버 지식백과] 〈사향곡〉思鄉曲 (국어국문학자료사전, 1998., 이응백, 김원경, 김선풍)

족손 장인진 박사의 말에 의하면 〈사향곡〉은 사족 집안 여성들이 남긴 한글 작품인데 현재 어머니가 남긴 〈사향곡〉은 희귀한 경우라고 한다. 국내에 현존하는 〈사향곡〉을 보면 〈사향가〉라는 이름으로 〈한국학중앙연구원〉에 1책, 〈원별애 사향가〉라는 이름으로 계명대학교 도서관에 1책이 있고, 〈사향곡〉이라는 이름으로는 〈국립중앙도서관〉에 2종 2책이, 〈남평 문씨 인수문고〉에 1책 16장, 〈계명대학교 도서관〉에 1책, 〈전주시립완산도서관〉에 1책, 단국대학교 〈율곡기념도서관〉에 〈답사향곡〉 1책 등 약 9종 11책이 전해지고 있다고 한다.

▶

〈청송재〉가 보관하고 있는 〈사향곡〉은 부모님 유품으로 어머니가 고이 보관하고 있던 것이다. 2021년 1월 이후, 고어체 한글 전문가에게 어머니 유품인 〈사향곡〉, 《최근간략》과 《서간》의 고어를 그대로 한글로 옮기는 일인 탈초脫草, 현대어 번역, 해설 등의 작업을 의뢰하고 연구하도록 하여 그 탈초본과 해설집을 〈청송재〉에서 출간하여 보관할 계획이다.

〈청송재〉 소장 〈사향곡〉 필체

〈청송재〉 소장 어머니 유품 〈사향곡〉은 그 내용이 연구되어 있지 않으나 필체의 유려함
은 〈국립중앙도서관〉에 소장되어 있는 〈사향곡〉 두 책보다 나아 보인다.

〈국립중앙도서관〉 소장 두 책 필체

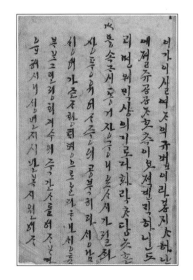

최근간략 초단 初短

표지의 '최근간략 初短' 이라는 글씨는 해정海亭, 밀물 최민렬 선생의 글씨이다.

≪최근간략 초단≫은 어머니가 남긴 옛 한글 서간 모음집이다.
총 54쪽 1책으로 구성되어 있다. 1938년 10월에 책으로 엮었다.

서간 書簡

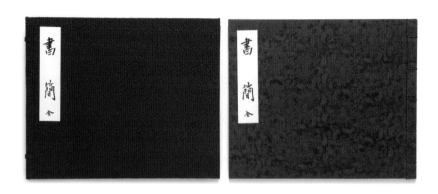

표지의 '書簡' 이라는 글씨는 해정海亭, 밀물 최민렬 선생의 글씨이다.

▶
《서간》은 어머니가 남긴 옛 한글 서간문 모음집이다.
총 13쪽 1책으로 구성되어 있다.

▶ ▶
〈사향곡〉, 《최근간략 초단》, 서간문 모음집 《서간》은 보존 사례가 드물어 귀중한
자료가 될 수 있다는 평이 일반적이다.

50

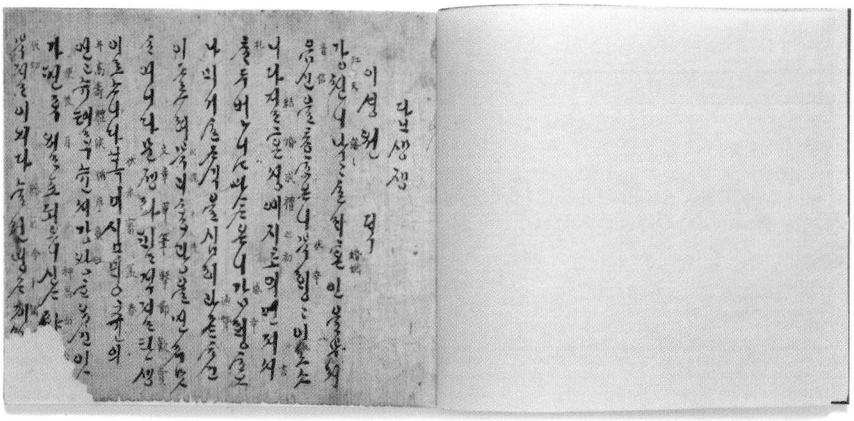

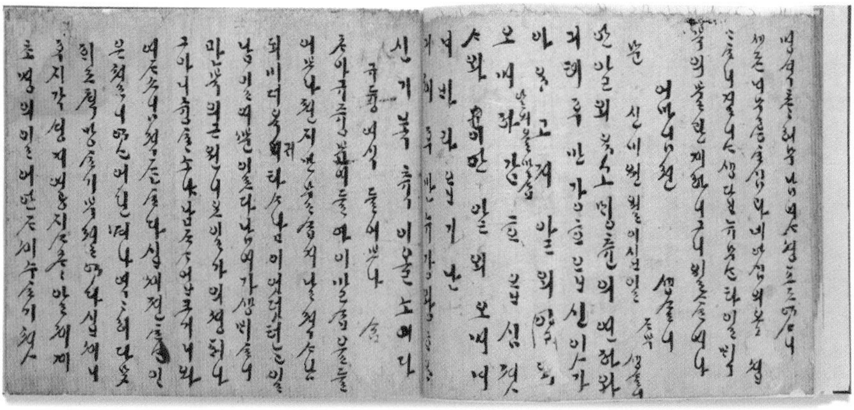

어머니가 남긴 옛 한글 서간 모음집

아버지가 짓고 쓴 칠언율시 七言律詩 1

碧桂亭會輔契會案內
一時日　己巳餞春日（陰三月晦日）
一場所　昌寧高岩面八報本堂
有司　張斗煥
　　　金正埴上

◎

押　東・通・風・同・窮

住所　高岩面潤志
雅號　姓名張斗煥

桂亭高築碧溪東
去歲此邊又復通
新葉綠深明照眼
殘花力盡落無風
靑山未久佳形至
白髮不停暮日同
輔契修論主謝聖
年々會席永非窮

▶ 〈벽계정회碧溪亭會〉 모임 안내문에 부친 칠언율시이다.
〈벽계정〉은 경남 창녕군 고암면 계팔리에 있는 정자이다.
모임 일자가 1989년 3월 그믐날로 표시되어 있어 그 이전에 쓴 글로 추정된다.
전춘일餞春日은 봄을 보내는 마지막 날을 뜻하며 3월 그믐날을 가리킨다. 회일晦日은
그믐이다.

칠언율시 번역문

溪亭高築碧溪東(계정고축벽계동)　계정을 높게 벽계의 동쪽에 지었으니
去歲此筵又復通(거세차연우부통)　지난 해 이 자리에 또다시 통하였네.
新葉綠深明照眼(신엽녹심명조안)　새 잎이 짙게 푸르러서 눈에 비치니
殘花力盡落無風(잔화역진낙무풍)　시든 꽃 모두 져서 바람조차 없네.
靑山未久佳形至(청산미구가형지)　푸른 산 머지않아 아름다운 모양 이루겠는데
白髮不停暮日同(백발부정모일동)　백발은 멈추지 않으니 저물녘과 같네.
輔契修論主謝聖(보계수론주사성)　회보계 계회 닦고 성스런 사례 주장하며
年年會席永非窮(연년회석영비궁)　해마다 모인 자리 영원토록 무궁하리라.

<번역: 장인진 박사>

아버지가 짓고 쓴 칠언율시 七言律詩 2

金兌精 古稀七十一 韻

淳厖風物碧山天
七十古稀又一年
家有桂陽探壽井
兒爲方丈益桃蓬
五龍趨走華醮下
雙鶴翶翔福履篇
獨設尼齋難世慶
認君誠力永由然

張斗煥

▶
김태정金兌精 고희연을 기념하며 쓰신 칠언율시이다.
김태정 어른은 아버지 양례襄禮 때 상례相禮를 맡으셨고 아버지 갑장甲長 친구로 추정되는
분이다.

칠언율시 번역문

淳厖風物碧山天(순방풍물벽산천)	순박한 풍물은 푸른 산천 같은데
七十古稀又一年(칠십고희우일년)	칠십 하고도 또 일 년이 되었네.
家有桂陽探壽井(가유계양탐수정)	집은 계괄에 있어 수정壽井을 찾는데
兒爲方丈盜桃筵(아위방장도도연)	아이는 방장이 되어 술자리를 훔쳤네.
五龍趨走華觴下(오룡추주화상하)	다섯 용(아들) 자리로 달려와 축하주 드리니
雙鶴翱翔福履篇(쌍학고상복리편)	쌍학(양친)은 날개 펼쳐 놀며 복된 글 남기네.
獨設尼齋難世慶(독설이재난세경)	홀로 이재尼齋 세운 것은 어려운 세상 경사.
認君誠力永由然(인군성력영유연)	그대의 성력으로 그리되었음을 영원히 알리라.

<번역: 장인진 박사>

어머니가 남기신 제문 祭文

어머니는 집안 제사를 모실 때 손수 제문을 쓰고 낭독하였다. 여기에 남긴 제문을 모아둔다.

1961년 4월 26일(辛丑年)

1961년 7월 20일(辛丑年)

1964년 4월 14일(甲辰年)

1974년 8월 28일(甲寅年)

연도 미상

축사 祝辭

1970년 6월 4일, 엮은이 둘째 누나 결혼식 자형 우인 대표 축사

필사본 筆寫本

아버지는 의례서, 사서삼경, 한시漢詩 등을 직접 필사하며 익히고 책으로 간직하였다. 조상에 대한 공경을 잊지 않았고 의례서들을 일일이 쓰며 배우고 규범에 맞는 예를 다해 관혼상제 의례를 지키려 하였다. 그리고 후손에게도 이를 실천할 것을 가르치는 뜻으로 이 책들을 남겼다.

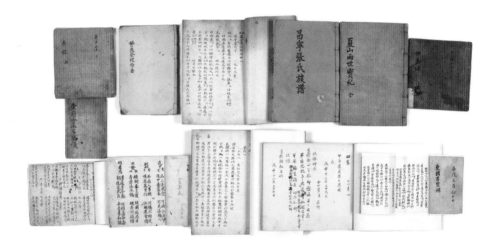

≪세계록世系錄≫

발행 연도 1947년 12월(정해년丁亥年 12월).

아버지가 족보의 분류상 우리 집안의 직계 조상을 기록한 가첩家牒으로 각종 축문과 직계 선조의 효행 기록 등이 적혀 있는 소책자이다.

≪창녕장씨족보昌寧張氏族譜≫, ≪하산양세실기夏山兩世實記≫: 이 두 책은 인쇄된 수택본이다.

창녕 장씨는 창녕의 옛 지명을 따서 하산 장씨라고도 하였다. 특히 하산 장씨 가문은 효행이 높기로 이름이 났는데 육세팔효六世八孝라 하여 조선 선조 때부터 정조 때까지 육 세에 걸친 여덟 효자 이야기는 효의 귀감이 되었다. ≪하산양세실기≫는 육세팔효 중 암계嚴溪 시행是行과 그의 아들 청계淸溪 익정翼禎의 공적을 기록한 책이다.

≪혼상제례절요婚喪祭禮節要≫

창녕 장씨 가문에서 혼례, 상례, 제례의 절차와 방법을 상세히 기술한 서책이다.

≪맹자집주孟子集註≫

아버지가 ≪맹자집주≫ 마지막 부분인 〈고자편告子篇〉 고자장구告子章句 하下와 〈진심편盡心篇〉 진심장구盡心章句 상上, 하下 편을 필사해 공부한 책자이다. ≪맹자집주≫는 사서四書 가운데 하나인 ≪맹자≫에 송나라 주희朱熹가 주석 문을 덧붙여 저술한 책으로 주희는 읽는 사람들을 위하여 그동안 변한 문법과 당초 ≪맹자≫가 지어진 당시의 여러 상황에 대하여 여러 가지 필요한 설명을 덧붙였다. 우리나라에서는 ≪맹자≫를 배울 때 대개 이 주희의 집주를 교재로 삼았으며, 위정자 및 선비들에게 꼭 필요한 교양서였다. 맹자집주는 〈양혜왕편〉, 〈공손추편〉, 〈등문공편〉, 〈이루편〉, 〈만장편〉, 〈고자편〉, 〈진심편〉 등 총 7편으로 구성되어 있다.

≪동국명현록東國名賢錄≫

문묘文廟에 배향된 제위諸位 등과 우리나라 역대 현인들의 인명록을 간략하게 기록한 소책자이다.

≪장간공묘향제의章簡公墓享祭儀≫

창녕 장씨 시조인 장간공 묘소와 제사 의식의 절차와 방법, 진설도陳設圖, 축문祝文 등을 기록한 소책자. 일종의 매뉴얼이다.

사성四星 관련 소책자

사성四星은 혼인을 위해 신랑의 생년월일시를 간지로 적어 신부 집으로 보내는 단자를 말한다. 남자 집에서 청혼의 형식으로 이 단자를 보내면 여자 집에서는 혼인을 승낙하는 것으로 받아들이며, 이처럼 사주를 주고받는 것을 납채納采라 한다.

≪기문記聞≫

발행 연도는 단기 4281년(서기 1948년) 7월이다. 그동안 보고 들어왔던 참고가 될 만한 시문을 정리해둔 소책자이다.

≪마상담馬上談≫

말을 타며 서로 즐기면서 읊어대는 오언절구체의 한시를 위주로 필사하여 공부한 소책자이다.

수택본 手澤本

아버지가 남긴 가례서와 당대 선비들의 유고집, 한국 명현들의 인명록과 행적들을 기록한 도서들이다.

≪경남유고耕南遺稿≫

　　저자는 이우철李愚哲.

　　이우철은 1878년(고종 15)~1940년. 일제강점기 유학자로 자는 여해汝海이고, 호는 경남耕南 또는 복아재復莪齋이며 본관은 벽진碧珍이다. 학문을 숭상하였으며 여러 가지를 번잡하게 배우지 않았고 문예가 뛰어났다. 만구晚求 이종기李種杞(1837~1902)와 소눌小訥 노상직盧相稷(1855~1931)의 문하에서 수학하였다. 일제 지배하에서는 벼슬길에 나가지 않고 후학을 양성하였다.

≪제천유고濟川遺稿≫

　　저자 이원용李元容. 1983년 발행. 2권 1책.

≪은암실기隱巖實紀≫

　　저자 여성동呂性東, 여원환呂元煥 공편共編. 석판본石版本, 2권 1책.

≪전고대방典故大方≫

　　저자 강효석姜斅錫.

　　단군檀君에서 시작하여 한국 역대 인물에 대한 전거典據를 밝힌 일종의 인명사전. 조선 후기 1924년 간행, 활자본. 4권 1책. 조선 후기의 학자 강효석姜斅錫이 엮어 1924년 서울〈한양서원漢陽書院〉에서 발간하였다. 4권을 33개 부문으로 분류, 사건마다 관련 인물을 들어 소전小傳을 붙이고 알기 쉽게 서술하였다.

≪조선의 미선 술고편 朝鮮美善述古編≫

　　저자 임당공臨堂公 하성재.〈범학도서〉발간. 1967.10.10. 282페이지, 크기 148×210mm. 임당공은 엮은이의 재종동생인 부산대학교 사학과 장동표 교수의 외할아버지이다.

≪소사의士小儀≫

　　저자 하진규(임당공 하성재의 아들). 1987년 부산〈동주한의원東洲漢醫院〉발행, 206쪽.

≪송오유고松塢遺稿≫

　　조선 말기의 문신, 학자 박종영朴宗永의 시문집. 1936년 박종영의 증손 박근양朴根陽이 편집, 간행하였다. 본집 11권, 별집 11권, 총 8책, 연활자본.

향토 자료 鄕土資料

아버지는 창녕군 향토 일에 관심을 가지고 향토 자료 몇 편을 남겼다.

≪향토사자료≫

〈창녕향교〉 하계 충효 교실 자료로 1987년 8월 20일 발간하였다.

≪우리고장의 문화유적≫

발행 연도는 미상, 〈창녕문화원〉 발행.

≪충효예절교본忠孝禮節敎本≫

발행일자 1987년 7월 10일, 경상남도, 경상남도교육위원회, 〈유도회 경상남도본부〉가
공동 발행하였다.

≪교지집록校誌輯錄≫

발행일자 1986년 9월 9일, 〈창녕향교〉가 발행했다.

≪생활예절生活禮節≫

발행일자 1985년 4월 30일, 증보增補 재판再版으로 〈성균관 유도회총본부〉가 발행하
였다.

서간 書簡

사돈댁과 외부에서 온 서간 봉투들이다. 주로 사성, 연길 등 전통 혼례 절차로 주고받았다. 당시 생활의 한 단면을 잘 엿볼 수 있는 자료들이다. 혼례와 관련된 서간이 대부분이다.

연길涓吉

연길은 신랑 측으로부터 사성四星을 받은 뒤에 신부 측에서 혼인날을 택하여 신랑 측에 보내는 것을 말한다. 날받이, 택일, 납길納吉, 추길諏吉이라고도 한다.

▶

관행상 전통 혼례는 의혼議婚, 대례大禮, 후례後禮로 나눠진다. 의혼은 사주단자를 신부 집에 보내는 납채, 사주단자를 받은 신부 집에서 허혼서를 동봉하여 택일단자를 신랑 집에 보내는 연길, 신랑 집에서 신부 집에 예물, 혼서지와 혼수 물목을 동봉한 함을 보내는 납폐 순서로 진행한다.

▶ ▶

그 다음 순서인 신랑이 신부 집에 가서 행하는 의례인 대례 역시 신랑과 근친近親 일행이 신부 집에 가는 초행, 신부 집에 도착한 신랑이 혼주에게 기러기를 전하는 의례인 전안례奠雁禮, 신랑과 신부가 마주보고 절을 하는 교배례交拜禮, 신랑과 신부가 술잔을 나누는 합근례合巹禮, 신랑과 신부가 하룻밤을 함께 보내는 신방新房, 그 다음날 신부 집 사람들이 신랑에게 어려운 질문을 내어 맞추지 못하면 방망이로 발을 때리는 동상례東床禮의 순으로 진행된다.

▶ ▶ ▶

마지막으로 후례後禮가 있는데, 이는 대례大禮가 끝난 후 신랑 집에서 하는 것으로 우귀于歸, 현구례見舅禮, 근친覲親으로 나누어진다. 우귀는 신부가 시집으로 가는 것을 말하고, 현구례는 신부가 시부모와 시가 어른들에게 절을 하는 것을 이르며, 근친은 시집에서 생활하는 신부가 처음으로 친정에 가는 것을 지칭한다.

▶ ▶ ▶ ▶

청기서請期書라고도 하는 허혼서許婚書는 택일단자擇日單字와 함께 연길의 과정에서 보내는데, 신랑 측의 청혼서와 사주단자를 받은 신부 측에서 보내는 답장과 같은 것이다. 허혼서는 신부 집의 주례자가 신랑 집의 주례자에게 보내는 서한으로, 사돈 관계를 맺게 되어 집안의 광명임을 표현한다. 또 허혼서와 택일단자를 받은 신랑 집에서는 혼서지와 함께 비단과 패물 등의 폐백을 신부 집에 보낸다.

사돈댁에서 받은 사돈지들

〈청송재〉에는 사돈지 수십 점이 보관되어 있다.

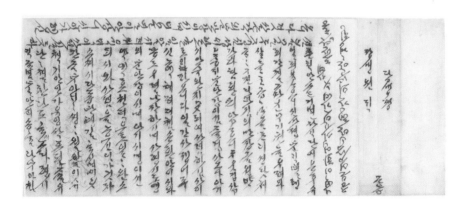

망권 봉투 望圈封套

아버지는 〈창녕향교〉 장의나 실무 등을 맡아 지역의 여러 유림 집안으로부터 많은
망권을 받았다.

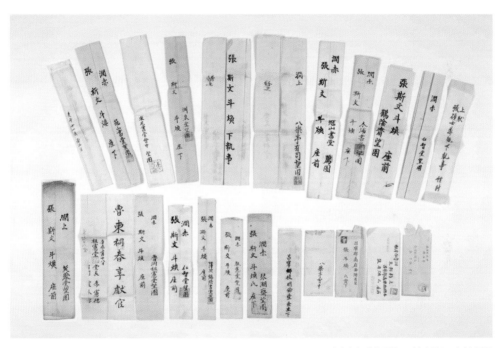

아버지가 여러 문중으로부터 받은 망권 봉투들

망권望圈

망권은 본인에게 어떤 자리에 천거되었음을 알리는 글발을 말한다. 망첩望帖, 망기望記,
망단자望單子라고도 한다.

▶

망권은 어느 한 직책에 합당한 인물을 천거할 때 사용하는 문서로 서두에 망望 혹은
천망薦望이라는 말을 기입하였다. 일반적으로 한 직책에 세 사람을 후보자로 열거하는
3망이 원칙이었으나, 한 사람 혹은 여러 사람을 추천하기도 하였다.

성곡단소 재유사 망권 城谷壇所齋有司望圈

▶
연도: 1976년 10월(丙辰年).
선친을 〈성곡단소城谷壇所〉의 재유사齋有司로 임명한다는 내용이다.

▶▶
재유사는 서원이나 향교의 실무를 담당하는 유생을 이르는 말이고, 유학幼學은 벼슬하지
아니한 유생儒生을 이르던 말로 엮은이 아버지는 벼슬을 하지 않아 유학이라 칭하였다.

문묘 장의 망권 文廟掌儀望圈

연도: 1986년 12월 1일(丙寅年).

〈창녕문묘昌寧文廟〉 장의掌儀로 임명하니 12월 15일 10시부터 공무를 수행하라는 망기望記이다.

망기 본문 맨 앞에는 원한다는 뜻의 망望 자를 쓰고, 내용 끝에는 원原 자를 쓴다. 원原 자는 망기에서 사람을 열거하는 목록의 마지막이라는 뜻이다. 인원물제人原物際라 하여 사람의 사주나 물품의 목록을 적은 단자에서 사람에게 관계되는 내용을 다 적은 다음에는 '原' 자를 쓰고, 물품의 이름을 다 적은 다음에는 '際' 자를 쓴다는 규정에 따른 것이다.

〈창녕문묘〉 전교典校 성한경이 보내었다.

장의掌議는 조선 시대에 성균관이나 향교에 머물러 공부하던 유생의 임원 가운데 으뜸 자리를 말한다. 전교는 향교의 책임자이다. 망권 겉표지에 성씨 뒤에 쓴 사문斯文이라는 단어는 유학자를 높여 부르는 칭호이다.

향교 장의 임명장 任鄕校掌儀

▶
연도: 1987년 7월 22일(孔夫子誕降 2538년).
〈창녕향교昌寧鄕校〉 장의掌儀로 임명한다는 임명장이다.
성균관장 박중훈이 보내었다.

석채례 집사 망권 釋菜禮執事望圈

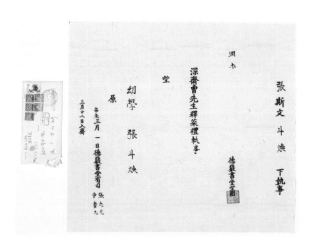

> 연도: 1991년 3월 1일(辛未年).
>
> 심재深齋 조긍섭曺兢燮 선생 석채례釋菜禮에 집사執事로 선출되었다는 〈덕암서당〉 망권이다. 〈덕암서당〉 유사有司가 보내었다. 유사는 단체나 모임에서 사무를 맡아보는 사람을 말한다. 집사로 임명한 날은 3월 1일이고 입재일入齋日은 3월 12일이라 적혀 있다. 입재일은 재를 시작하는 날이다.

심재深齋 조긍섭曺兢燮

생애: 1873년(고종 10)~1933년.

조선 말기 학자. 본관은 창녕昌寧. 자는 중근仲謹, 호는 심재深齋이다.

석채례(釋菜禮)

문묘의 대성전에서 공자를 비롯한 선성先聖과 선현先賢들에게 제사 지내는 의식인 석전대제釋奠大祭와 같은 제사 의식으로 모든 유교적 제사 의식의 전범典範이다. 문묘대제文廟大祭, 상정재上丁祭라고도 한다. 석전대제가 희생犧牲과 폐백幣帛 그리고 합악合樂과 헌수獻酬가 있는 성대한 제사 의식인 반면, 석채례는 나물 종류만 차려 올리는 단조로운 의식이다.

아버지가 쓴 한문 제문 漢文祭文 1

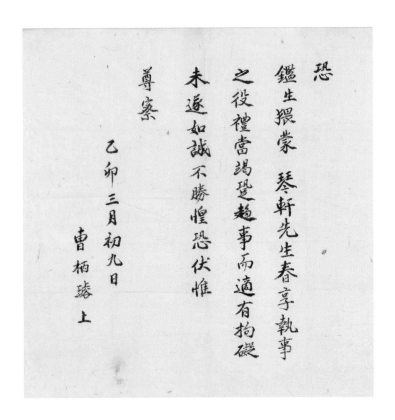

恐

鑑生猥蒙 琴軒先生春享執事

之役禮當竭蹙趨事而適有拘礙

未遂如誠不勝惶恐伏惟

尊察

乙卯三月初九日

曹栖璿 上

▷ 연도: 1945년(乙酉年) 3월.

춘향春享

춘향春享은 봄에 지내는 제사로 오향五享 중의 하나이다. 종묘 제례에서는 봄, 여름,
가을, 겨울, 사계절의 첫 달인 사맹삭四孟朔, 즉 음력 정월, 4월, 7월, 10월의 상순上旬
이내에 지내는 제사와 납일臘日에 지내는 납향臘享을 더해 오향이라고 한다.

아버지가 쓴 한문 제문 漢文祭文 2

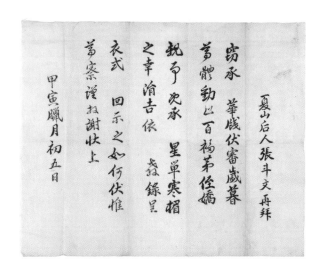

▶
연도: 1974년(甲寅年) 음력 12월.
위 제문은 엮은이의 큰아버지를 대신해 아버지가 쓴 글이다.

하산후인(夏山后人)

하산夏山은 경산남도 창녕의 다른 이름이다. 후인后人은 조상에 대한 후손이란 뜻으로
격식을 차려 자기를 표현할 때 본관을 앞에 넣고 쓴다. 하산후인장두문夏山后人張斗文이라
는 말은 창녕 장씨 두문斗文이라는 뜻이다. 장두문은 엮은이 큰아버지이다. 큰아버지를
대신해 아버지가 썼다.

납월臘月

납월臘月은 음력 12월 섣달을 달리 부르는 말이다. 조선 시대에는 동지冬至 다음 세
번째 맞는 미일未日을 납일臘日로 정하고 종묘와 사직에 제사를 지냈다. 민간에서도
납일에 한 해의 마감을 하늘에 고하는 제사나 고사를 지냈다. 납일에 지내는 제사를
납향臘享 또는 납제臘祭라고 한다.

기타 서간 其他書簡

초안

실제 발행 서간

▶ 연도: 1986년(丙寅年) 7월.

▶▶ 창녕 장씨 회중 종인으로서 회중 운영 현안에 관한 의견을 제안하는 서간문이다.
첫 번째 글은 초안으로 작성한 것이고 두 번째 글은 서간을 보낸 실물이다.

승경도 陞卿圖

승경도陞卿圖

승경도陞卿圖는 '관직 도표'로서, 말판에 관직명을 차례로 적어놓고 윤목輪木을 던져 나온 숫자에 따라 말을 놓아 하위직부터 차례로 승진하여 고위 관직에 먼저 오르는 사람이 이기는 놀이이다. 이 놀이는 '종경도從卿圖' '승정도陞政圖'라고 불리기도 하는데, 모두 '관직 도표'라는 뜻을 가지고 있다.

▶

주로 양반집 자제들이 즐기던 놀이이다. 양반집에서는 등급이 많고 칭호와 상호 관계가 복잡한 조선 시대의 관직에 대해 자녀들에게 체계적으로 가르치기 위해 이 놀이를 장려하였다. 4~8명까지 놀 수 있는데, 관직官職이 적힌 놀이판과 윤목이 필요하다. 놀이판에는 당시의 관직과 서열이 새겨져 있고 윤목에는 1~5까지의 숫자가 새겨져 있는데, 던진 끗수대로 관직이 높아지기도 하고 귀양을 가는 등 당시의 관직을 한눈에 볼 수 있다.

각종 증서 증권

상환증서償還證書

▶
연도: 1950년(단기 4283년) 3월 25일 발행.
농지개혁법에 따른 토지 상환증서

▶▶
토지 개혁에 의해 분배 농지를 상환한다는 내용의 증서이다.
권리자는 장윤호張允旲, 엮은이의 할아버지이다.
면적은 밭(田) 525평, 위치는 경상남도 창녕군 고암면 간상리 629번지로 농림부 장관農林
部長官이 발행發行하고 창녕군 고암면 면장이 부서附書했다.

오분리건국국채증서五分利建國國債證書 14매枚

▷

연도: 1961년(檀紀 4294年) 발행.

▷▷

오분리건국국채증서 일백환권 10매, 오백환권 4매, 제14회, 단기 4294년, 재무부장관 발행(五分利建國國債證書 壹百圜, 五百圜 第14回 檀紀 4294年 財務部長官 發行)

▷▷▷

주요 내용: 3년 만기로 단기 4297년(서기 1964년) 12월 1일부터 추첨 상환한다. 이자는 연5푼으로 한다. 이 국채 소멸일은 원금은 5년, 이자는 2년으로 한다.

▷▷▷▷

이 채권은 〈국채법〉에 따라 원금 5년, 이자 2년의 소멸 시효가 완성되어 법적으로 건국국채 원리금은 상환 받을 수 없지만 역사적 사료 가치가 인정되어서인지 비싸지는 않지만 옥션 등 인터넷 공간에서 거래되고 있는 점이 특이하다.

출자증권

▶
연도: 1962년 3월 10일 발행.

▶▶
〈간상리농협협동조합澗上里農業協同組合〉 출자 증권

▶▶▶
주요 내용: 〈간상리농협협동조합〉 설립 날짜는 1960년 3월 10일, 조합원 장두문 출자금액은 1좌 금1,000환이다. 장두문은 엮은이의 큰아버지이다.

토지매도증서, 등기 서류, 등기 신청서 등

일제 강점기 시대의 토지매도증서土地賣渡證書

소화, 가타가나 등이 나타나 일제 강점기의 흔적이 역력하다. 매수인으로 나와 있는
장윤호는 엮은이의 할아버지, 장두문은 엮은이의 큰아버지이다.

▶ 연도: 1934년(소화 9년) 5월 18일. 토지매도증서.

▶ 연도: 1934년(소화 9년) 5월 18일.
위 토지매도증서 부속 별지 부동산 목록.

일제 강점기 시대의 부동산 매도증서 不動産賣渡證書

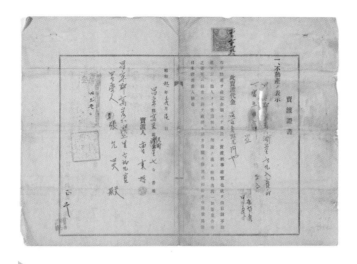

▶ 연도: 1935년(소화 10년) 12월 5일. 부동산 매도 증서

일제 강점기 시대의 근저당 설정 등기 서류 根抵當設定登記書類

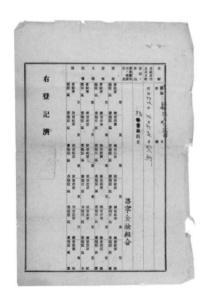

▶ 연도: 1939년(소화 14년) 4월 12일.
근저당 설정 등기.
근저당권자는 〈창녕금융조합〉.

일제 강점기 시대의 부동산 매도증서賣渡證書와 등기 보증서登記保證書

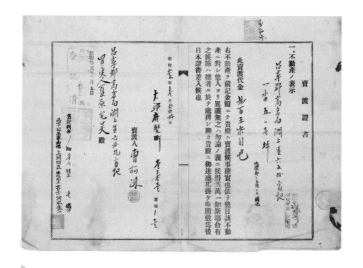

연도: 1940년(소화 15년) 3월 22일.

부동산 매도 증서, 등기일은 1940년 11월 5일.

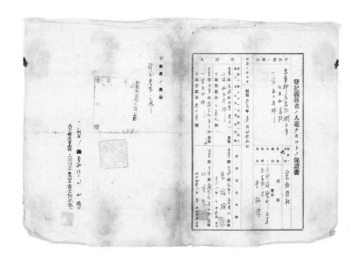

연도: 1940년(소화 15년) 3월 22일.

부동산 등기 보증서. 등기일은 1940년(소화 15년) 11월 5일.

일제 강점기 시대의 부동산 매도증서와 등기 신청서登記申請書

▶ 연도: 1940년(소화 15년) 4월 1일. 부동산 매도 증서.

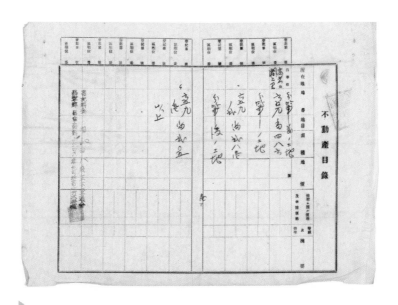

▶ 연도: 1943년(소화 14년) 6월 19일. 부동산 목록 표시.

일제 강점기 시대의 부동산 등기 신청서

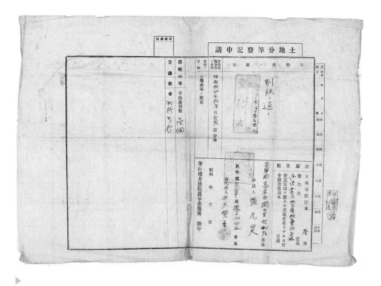

연도: 1943년(소화 14년) 6월 19일. 토지 분필 등기 신청서.

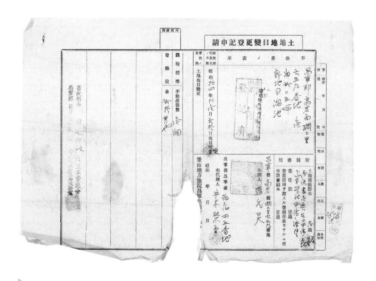

연도: 1943년(소화 14년) 11월 30일.
부동산 등기, 토지 지목 변경 등기 신청서.

해방 이후 토지매매계약증土地賣買契約證

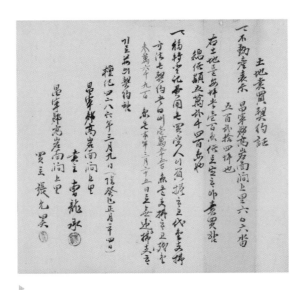

▶ 연도: 1953년 3월 9일. 토지 매매 계약증이 마치 서예 작품 같다.

해방 이후 매도증서

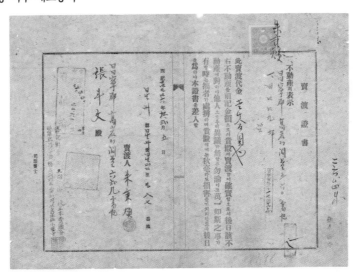

▶ 연도: 1956년 12월 5일. 매도 증서.

해방 이후 토지 소유권 이전 등기 신청서

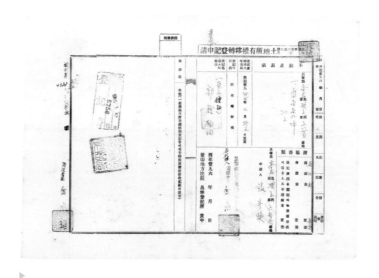

▶ 연도: 1965년 3월 22일. 토지 소유권 이전 등기 신청서.

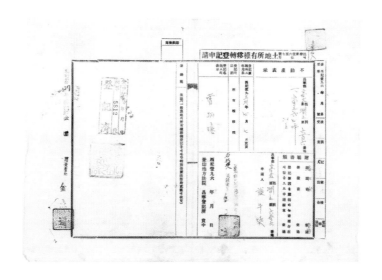

▶ 연도: 1965년 3월 22일. 토지 소유권 이전 등기 신청서.

해방 이후 토지 분할 등기 신청서

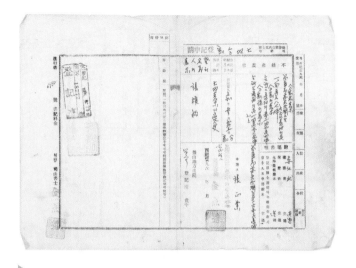

▶
연도: 1965년 6월 29일, 토지 분할 등기 신청서.
장정업은 엮은이의 종숙부從叔父이고, 장권표는 친척 형이다.

해방 이후 토지 소유권 이전 등기 신청서

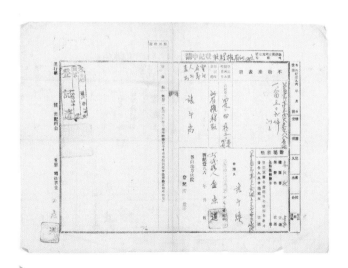

▶
연도: 1965년 6월 29일, 토지 소유권 이전 등기 신청서.
장두상은 엮은이의 재종숙부再從叔父이다.

해방 이후 부동산 등기 신청서

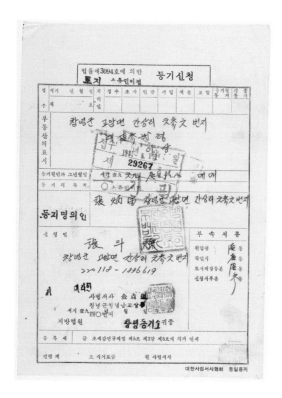

▶

연도: 1981년 8월 12일.

법률 제3094호에 의한 토지 소유권 이전 등기 신청서.

엮은이의 시골집의 토지 소유권 이전 등기 서류로 1969년 1월 18일 매입하였음에도
소유권 이전 등기 신청은 12년 이상이나 지난 1981년 8월 12일 하였음을 알 수 있다.

일제 재봉틀 1기

이 일제 재봉틀 부라더 미싱은 어머니 유품으로 많은 식구를 거느린 어머니가 자식들의
옷이나 이불 등 생활필수품을 손수 만들기 위해 엮은이가 태어나기 전에 구입하였다고
한다. 제작 연도는 1955년 이전으로 추정된다.

제 2 편
친인척 기증품 등

둘째 누나 시아버지 수택본 手澤本

엮은이 둘째 누나의 시아버지, 성병철(창녕 성씨成氏 부용당芙蓉堂 성안의成安義의 직계
13대 후손)의 수택본이다. 부용당芙蓉堂 성안의芙蓉堂는 조선 시대 남원 군수, 광주 목사,
성균관 사성 등을 역임한 문신이자 의병장이다. 본관은 창녕, 자는 정보精甫, 호는
부용당이다. 후일 이조 판서, 양관 대제학을 추증 받고 창녕의 〈연암서원燕巖書院〉,
〈물계서원勿溪書院〉에 제향된 인물이다.

≪취신척독완편取新尺牘完篇≫

경성京城 〈영창서관永昌書館〉 발행, 발행 연도 미상.

계절 변화에 따른 문안 편지와 답서, 애틋하게 생각하고 그리워하는 마음을 담은 서간문 등의 예시와 친척의 칭호, 축문, 제문 등 각종 서식 예시, 고금의 명필들의 법첩法帖과 시품췌진詩品萃珍이 수록되어 있다.

〈영창서관〉은 1916년에 강의영姜義永이 서울 종로 3가에 설립한 출판사 겸 서점으로 편지 종류인 척독류尺牘類와 유행창가집류, 소설류, 번역류 등 책자를 주로 출판하였다. 이밖에도 위인전 및 사전류 등 책 총판업도 겸하였다. 광복 이후 1960년대에 서울 종로구 관훈동으로 이전하여 소매 전문 서점을 경영하다 폐업하였다.

≪변의소학집주辨疑小學集註≫

경성京城 〈회동서관匯東書館〉 발행, 발행 연도 미상.

≪소학집주≫는 8세 안팎의 아동들에게 유학을 가르치기 위하여 1187년에 편찬한 수양서이다. 송宋나라 주희朱熹의 지시로 제자인 유자징劉子澄이 편찬하였다. 총 6편으로 내편 4권은 〈입교入敎〉, 〈명륜明倫〉, 〈경신敬信〉, 〈계고稽古〉이며, 외편 2권은 〈가언嘉言〉, 〈선행善行〉으로 구성되어 있다. 내용은 일상생활의 예의범절, 수양을 위한 격언, 충신, 효자의 사적 등을 모아 놓았다.

우리나라에도 일찍부터 들어와 고려 말 처음 소개되었으며, 조선 초기에는 서울 및 지방의 학교와 생원生員, 진사進士 시험試驗에서 필수 과목으로 법제화되었다. 사대부의 자제들은 8세가 되면 유학의 초보로 이를 배웠다. 명나라 진선陳選의 ≪소학집주小學集註≫ 6권을 비롯하여 명, 청나라에 주석서가 많이 나왔으며, 우리나라에서도 소학을 보급하기 위해 집주集註류와 언해諺解류의 책들이 다수 간행되었다.

〈회동서관〉은 1897년 고유상高裕相이 경성 광교 근처에서 세운 서점과 문구점을 겸한 출판사로 1950년대 중반까지 운영되었다. 우리나라에서 가장 오랫동안 영업을 했던 서점인데, 출판을 활발하게 하여 초창기에는 신소설을, 뒤에는 사전과 실용서, 특히 산업 발달에 필요한 책을 주로 출판하였다. 고대 소설을 제외한 모든 출판물에 인세를 지불한 최초의 출판사이고, 비교적 대량 부수를 발행하였으나 문고판 십전소설十錢小說도 출판하였다.

≪각주정해脚註精解 김립시집金笠詩集≫

1953년(단기 4286년) 7월 1일 발행, 김일호金一湖 편.

일명 김삿갓이라 불리는 조선 후기의 시인 김병연金炳淵의 시집이다. 김립(김삿갓)은 그의 별명이다. 김병연의 시는 대부분 구전되어 오다가 농민이나 유생들에 의하여 기록, 전수되면서 많은 오자가 발생하였으며, 따라서 약간씩 차이가 있다. 그의 시 내용은 크게 과시科詩, 정통적인 한시, 육담풍월 그리고 언문풍월 등으로 나누어 볼 수 있으며, 특히 파자시破字詩 계통은 그의 회작정신戱作精神 및 풍자정신이 잘 반영되어 있다. 이응수에 의해 각지에 흩어진 시편들이 수집되어 나온 이래 박오양, 김일호 편 등 여러 종이 전한다. 육담풍월肉談風月은 한시의 형식을 취하고 있으나 우리말과 한자가 섞여 있어 언어유희의 효과를 노리는 회작시戱作詩를 말한다. 작품에 사용된 한자는 때로는 뜻으로 풀어야 하고 때로는 소리 나는 대로 풀어야 뜻을 알 수 있다. 〈청송재〉 보존분인 ≪김립시집≫은 김일호 편 ≪김립시집≫이다. 김일호의 ≪김립시집≫은 1953년 처음 나온 이래 1957년 〈학우사〉, 1977년 〈서울출판사〉에서 복사되어 나왔다. 총 213수를 수록하여 〈걸식편〉 12수, 〈인물편〉 41수, 〈동물편〉 14수, 〈영물편〉 46수, 〈금강산편〉 13수, 〈산천누대편〉 22수, 〈잡편〉 55수로 되어 있어 분류는 이응수를, 수록한 시들은 박오양을 따른 것이다.

≪신구주해현토新舊註解懸吐 사례의절 四禮儀節≫

1961년 〈세창서관世昌書館〉 발행.

관혼상제 또는 가례家禮 의식 절차와 방법, 각종 축문 등을 기록한 책자다.

〈세창서관〉은 1930년대 설립된 서점 겸 출판사로 창업주는 신태삼申泰三이며, 서울 종로4가 77번지에 위치했다. 주로 척독尺牘, 창가집唱歌集, 고소설류를 출판하였다.

창녕 향토 자료 昌寧鄕土資料

둘째 누나의 시아버지 유품이다.

≪창녕군지昌寧郡誌≫

〈창녕군지편찬위원회〉가 1984년 발간한 책자로 창녕군의 역사, 문화, 산업 등 전 부문을 수록한 향토 인문 지리서이다.

≪창녕현지昌寧縣誌≫

이 책자는 과거 창녕현에 관련된 주요 내용을 한문으로 기록한 인문 지리서로 1977년에 편찬하였으며, 편찬위원장은 엮은이의 바로 이웃집에 살던 9촌 아저씨 눌암訥庵 장두한 張斗翰이 맡았다.

나무로 만든 향합香盒

해설

제작 연도: 약 1850년 전후(약 200년 전 쯤으로 주청)
둘째 자형의 고조부 이전부터 사용한 향합이다.

향합은 제사 때 피우는 향을 담는 합. 사기, 놋쇠, 나무 따위로 둥글납작하게 만드는데
위짝과 아래짝으로 이루어져 있다.

사기 도자기 3점

해설

이 도자기들은 시집갈 때 술을 담아가는 그릇(주병酒瓶)으로 사용하였다.

제작 연도는
① 엮은이 둘째 자형(성용기) 어머니가 14세에 결혼할 때 가져온 술병으로 약 90년 전으로 추정된다.
② 엮은이 둘째 자형 할머니 도자기로 약 120년 전 제품이다.
③ 엮은이 어머니가 17세에 시집올 때 가져온 도자기로 약 80년 전 도자기이다.

놋그릇(유기)

해설

이 놋그릇들은 창녕 성씨 가문인 둘째 자형의 증조모부터 제기祭器로 사용하던 유품이다. 요즘 놋그릇보다 훨씬 크고 숟가락은 망치로 두들기고 때려 만드는 방짜유기이다. 놋쇠 물을 일정한 틀에 부은 후 깎아서 그릇을 만드는 주물유기와 주물기법과 방짜기법을 절반씩 혼용하여 만드는 반방짜유기가 있는데 위 놋그릇은 반방짜유기로 보이고 숟가락 세 점은 숟가락총의 길이가 각각 다르고 타원형 면이 매끄럽지 못한 것으로 보아 방짜유기로 여겨진다. 제작 연도는 2020년 지금으로부터 약 120년~150년 전 제품으로 보인다.

사기 호롱

해설

제작 연도: 1950년 경
둘째 자형이 어린 시절 사용하던 호롱이다.

호롱은 등유를 담아 불을 켜 어둠을 밝히는 데 쓰는 그릇이다. 엮은이도 부산으로
유학가기 전 중학교 이전까지는 희미한 호롱불을 켠 등잔 밑에서 공부하고 생활하였다.

토기 뚜껑 1점

해설

둘째 자형이 창녕 성씨 선산에서 습득한 유물로 표면이 거친 토기 뚜껑으로 빗살무늬가
보인다. 용도와 제작 연도는 미상이다.

재종형수 서간 연습본 再從兄嫂書簡練習本

해설

    1934년생이신 재종형수가 시집오기 전에 한글 편지를 연습한 것이라고 기증한 서간문
이다. 거의 70년 전에 썼던 옛 한글 글씨이다.

재종형수 수젓집

해설

재종형수가 시집올 때 하님에게 채워 가지고 온 수젓집이다. 수복강녕, 부귀다남이란
글씨와 꽃을 정교하게 수놓아 장식했고 술까지 달렸다. 하님이란 말은 하인의 옛말이다.
거의 70년 전에 만들어진 수젓집이다.

재종형수 방석덮개

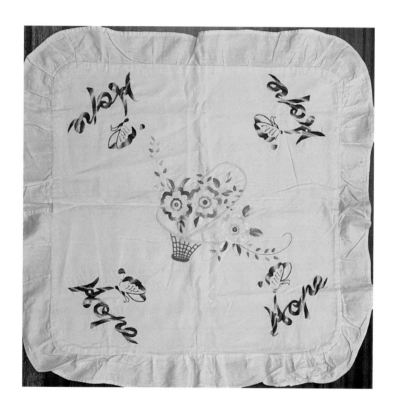

해설

재종형수가 자수를 놓아 시집올 때 가져온 방석덮개이다. 재종형수가 시집올 때가
1950년대이니 70년이 넘었다. 당시에 일상생활에서 'Hope'라는 영어 단어를 쓴 것이
특이하다.

셋째 자형의 훈장증과 임명장

해설

평생 교육자로 일한 엮은이 셋째 자형 성정덕의 임명장과 훈장증이다. 셋째 자형은
자수성가하여 교장까지 역임한 사람으로 인품이 뛰어나 본인의 집안은 물론 처가의
화목과 단합을 위해 모든 정성과 노력을 쏟는 사람이다. 또 엮은이 부모 산소의 관리도
도맡다시피 하는 사람으로 엮은이가 세상에서 둘도 없이 존경하는 사람이다.

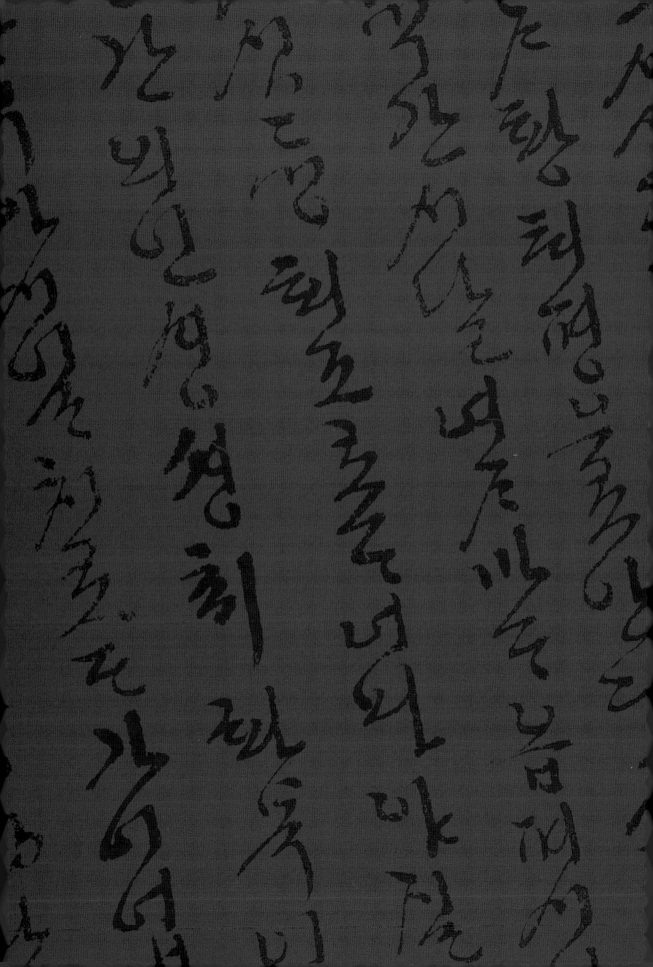

제3편
수집 소장품

文・筆

최익현 한문 간찰 崔益鉉漢文簡札

최익현崔益鉉

1833년(순조 33) 경기도 포천 출생. 한말의 애국지사로 본관은 경주이고, 호는 면암勉菴, 자는 찬겸贊謙이다. 최대崔岱 아들이다. 조선 후기 승정원 동부승지 등을 역임한 문신이자 항일운동가이다.

성리학의 거두 이항로李恒老 밑에서 성리학을 공부하였고, 출시한 이후 벼슬에 재직하며 불의와 부정을 척결하였다. 경복궁 재건에 대한 대원군의 비정 비판과 시정 건의, 서원 철폐 건의 등의 상소를 올리기도 했다. 그의 이러한 우국애민의 정신과 위정척사 사상은 한말의 항일 의병운동과 일제 강점기의 민족운동, 독립운동의 지도 이념으로 계승되었다.

동춘 선생 간찰 同春先生簡札

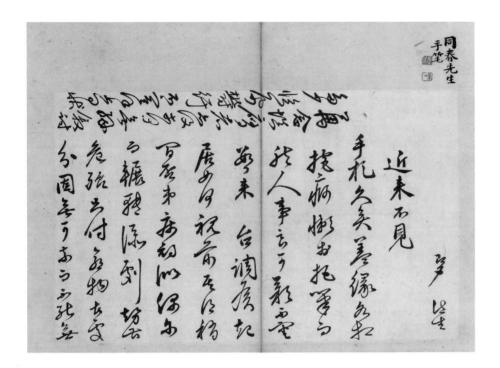

위 "同春先生 毛筆"이라는 글씨는 〈대동서학회〉 원장이며 KBS ≪진품명품≫ 전 감정 위원인 매산 김선원 선생이 동춘당 송준길의 작품이라는 것을 감정하였다는 친필과 낙관이다.

동춘同春 선생 송준길宋浚吉

동춘 혹은 동춘당은 송준길宋浚吉(1606~1672, 선조39년~현종13년)이다.
송준길은 본관은 은진恩津이며, 호는 동춘당同春堂, 자는 명보明甫, 시호는 문정文正이다.
조선 후기 대사헌, 병조 판서, 이조 판서 등을 역임한 문신이자 학자이다. 우암尤庵
송시열宋時烈(1607~1689)의 먼 친척(13촌 숙부)이다.

명인서간첩 24면

재료: 종이에 먹

크기: 36cm × 57cm

작품 설명

▶

이 서간첩은 조선 중기 대표 사림인 취죽 심택沈澤(1591~1656), 우암 송시열宋時烈 (1607~1689)부터 세도 정치기에 세도 가문의 변화를 보여주는 핵심 세력 심암 조두순趙 斗淳(1796~1870), 춘산 김홍근金弘根(1788~1842), 학파 조병식趙秉式(1832~1907) 등 총 24인의 서간을 400여 년이라는 세월에 걸쳐 모아놓은 첩이다.

▶▶

임진왜란 이후부터 근대까지 급변하는 당대의 세력 변화를 읽을 수 있어 문화재적인 가치와 열정이 우리를 놀라게 한다.

명인서첩 24인 이름과 작품 크기

1. 취죽翠竹 심택沈澤(1591~1656) 32cm × 26cm

2. 우암尤菴 송시열宋時烈(1607~1689) 20cm × 25cm

3. 초천蕉泉 김상휴金相休(1757~1827) 32cm × 41cm

4. 돈우당遯愚堂 박정설朴廷薛(1612~?) 31cm × 51cm

5. 심재心齋 송환기宋煥箕(1728~1807) 29cm × 47cm

6. 개은介隱 정재기鄭在箕(1811~1879) 29cm × 47cm

7. 김기은金箕殷(1766~1843) 35cm × 48cm

8. 성류정省流亭 이지순李志淳(1762~ 1807) 29cm × 47cm

9. 춘산春山 김홍근金弘根(1788~1842) 33cm × 56cm

10. 심암心菴 조두순趙斗淳(1796~1870) 32cm × 48cm

11. 김수현金壽鉉(1825~?) 23cm × 38cm

12. 죽석竹石 민철호閔哲鎬(1829~?) 23cm × 48cm

13. 취정翠庭 송종규宋鍾奎(1856~1910) 28cm × 47cm

14. 석감石礛 이원필李源弼(1878~?) 30cm × 39cm

15. 학파學坡 조병식趙秉式(1832~1907) 25cm × 42cm

16. 윤성진尹成鎭(1826~?) 24cm × 39cm

17. 이의원李毅遠(1789~1866) 26cm × 43cm

18. 박신규朴臣圭(1801~?) 30cm × 44cm

19. 금래琴來 민영소閔泳韶(1841~?) 23cm × 40cm

20. 팔연八然 조강하趙康夏(1846~?) 28cm × 45cm

21. 이면상李冕相(1846~?) 22cm × 38cm

22. 건재健齋 성기운成岐運(1847~?) 23cm × 23cm

23. 이범조李範祖(1848~?) 22cm × 38cm

24. 단운丹雲 민병승閔丙承(1866~?) 27cm × 41cm

심택沈澤

1591년(선조 24) 출생. 본관은 청송靑松. 호는 취죽翠竹, 자는 시보施甫이다. 조선 시대 장령, 의주부윤, 평안도 감사 등을 역임한 문신이다.

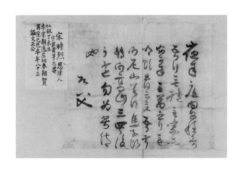

송시열宋時烈

1607년(선조 40) 출생. 본관은 은진恩津). 아명은 송성뢰宋聖賚. 호는 우암尤菴 또는 우재尤齋. 자는 영보英甫이다. 조선 후기 이조 판서, 좌의정 등을 역임한 문신, 학자이다.

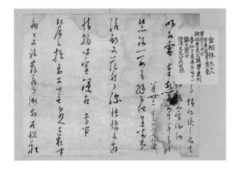

김상휴金相休

1757년(영조 33) 출생. 본관은 광주廣州. 호는 초천蕉泉, 자는 계용季容이다. 조선 후기 판의금부사, 예문관 제학, 이조 판서 등을 역임한 문신이다.

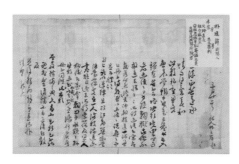

박정설朴廷薛

1612년(광해군 4) 출생. 본관은 함양咸陽. 호는 돈우당遯愚堂. 자는 여필汝弼이다. 조선후기 사헌부장령, 사간원헌납, 공조참의 등을 역임한 문신이다.

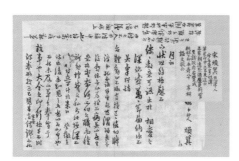

송환기宋煥箕

1728년(영조 4) 출생. 본관은 은진恩津, 호는 심재心齋, 성담性潭, 자는 자동子東, 시호는 문경文敬이다. 조선 후기 공조 판서, 의정부 우찬성 등을 역임한 문신, 학자이다.

정재기鄭在箕

1811년(순조 11) 경상남도 함양군 지곡면池谷面에서 출생. 본관은 하동河東, 호는 개은介隱, 자는 오이五而이다. 조선 후기 문신이다.

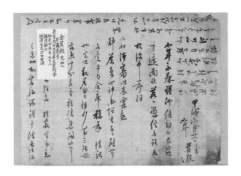

김기은金箕殷

1766년(영조 42)년 출생. 본관은 광산光山, 자는 상언商言이다.

이지순李志淳

1762년(영조 38) 출생. 본관은 진성眞城, 호는 성류정省流亭, 자는 치화穉和이다. 조선 후기 문신이자 유학자이다.

김홍근金弘根

1788년(정조 12) 출생. 본관은 안동安東, 자는 의경毅卿, 호는 춘산春山, 시호는 문익文翼이다. 조선 후기 의정부 좌참찬, 좌의정, 판중추부사 등을 역임한 문신이다.

조두순趙斗淳

1796년(정조 20) 출생. 본관은 양주楊州. 호는 심암心菴, 자는 원칠元七, 시호는 문헌文獻이다. 조선 후기 예문관 대제학, 우의정, 영의정 등을 역임한 문신이다.

김수현金壽鉉

1825년(순조 25) 출생. 본관은 광산光山, 자는 원경元卿, 경일景一, 원일元一이다. 조선 후기 이조 판서, 의정부 좌우참찬, 의정부 좌찬성 등을 역임한 문신이다.

민철호閔哲鎬

1829년(순조 29) 출생. 본관은 여흥驪興, 호는 죽석竹石, 자는 성화聖和이다. 민길호閔吉鎬로 개명改名하였다.

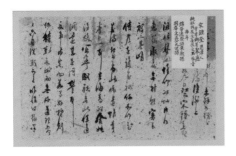

송종규朱鍾奎

1856년(철종 7) 출생. 본관은 은진 恩津, 호는 취정翠庭, 자는 계필季弼이 다.

이원필李源弼

1798년(정조 22) 출생. 본관은 용 인龍仁, 호는 석감石礛, 자는 치교稱教 이다.

조병식趙秉式

1823년(순조 23) 서울에서 태어났 다. 본관은 양주楊州. 호는 학파學坡, 자는 공훈公訓, 시호는 문정文靖이 다. 충청도 관찰사, 의정부 참정, 황국총상회장, 서북철도국 총재, 참정대신, 대한제국 기 궁내부특 진관, 외부대신, 참정대신 등을 역 임하였다.

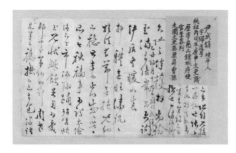

윤성진尹成鎭

1826년(순조 26) 출생. 본관은 해평海平, 자는 치도稚道, 시호는 문정文貞이다. 사헌부 대사헌, 지의금부사, 중추원 1등의관, 궁내부 특진관, 홍문관 학사 등을 역임한 관료이다.

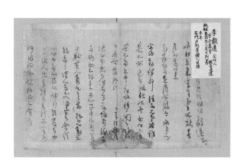

이의원李毅遠

1764년(영조 40) 출생. 본관은 전주全州이며, 자는 도중道仲이다.

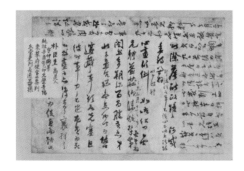

박신규朴臣圭

1801년(순조 1) 출생. 본관은 고령高靈. 자字는 중필仲弼이며, 거주지는 청양靑陽이다.

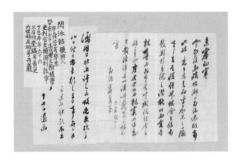

민영소閔泳韶

1852년 경기도 양주에서 출생. 본
관은 여흥驪興이며, 호는 금래琴來,
자는 순약舜若으로 민철호閔哲鎬의
아들이며, 민규호閔奎鎬에게 입양
되었다. 〈일제강점하 반민족행위
진상규명에 관한 특별법〉에 해당
하는 친일반민족행위자로 기록되
어 있다.

조강하趙康夏

1841년 출생, 본관은 풍양豊壤, 호는
팔연八然, 자는 경평景平이다. 현령
조병석趙秉錫의 아들로, 조영하趙寧
夏의 동생이며, 조대비趙大妃의 조
카이다.

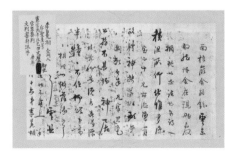

이면상李冕相

1846년(헌종 12) 출생, 본관은 전
주全州, 자는 성규聖圭이다.

성기운成岐運

1847년 충청남도 공주에서 출생.
호는 건재健齋이다. 성기운은 〈일
제강점하 반민족행위 진상규명에
관한 특별법〉에 해당하는 친일반
민족행위자로 기록되어 있다.

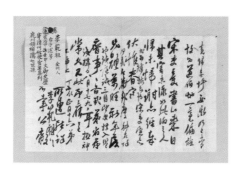

이범조李範祖

1848년(헌종 14)년 출생. 조선 말
기 관리. 자는 자술子述이다. 본관은
전주全州이다.

민병승閔丙承

1866년(고종 3) 출생. 조선 말기
문신. 본관은 여흥驪興, 호는 단운丹
雲이다.

산청현 부대현동 거민등장 山淸縣釜大峴洞居民等狀

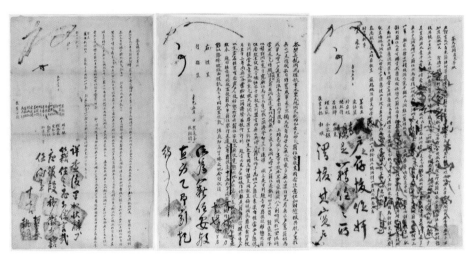

연도: 1879년(己卯年)   연도: 1881년(辛巳年)   연도: 1881년(辛巳年)

▶

이 자료는 최원호 후배가 기증한 자료이다.

등장等狀

등장等狀은 조선 시대 여러 사람이 연명하여 관부官府에 올리는 소장訴狀이나 청원서, 진정서, 소지所志의 일종으로 소지는 한 사람의 이름으로 올리지만 등장은 여러 사람의 이름으로 올리는 점이 다르다.

古筆・書藝

오세창 서예 吳世昌書藝

작품 설명

- 재질 : 지紙
- 화재 : 智仁樂水山(지인요수산)

  지혜로운 사람은 물을 좋아하고 어진 사람은 산을 좋아한다.

오세창(吳世昌)

1864년(고종 원년) 서울 출생. 본관은 해주海州이고, 호는 위창葦滄(韙傖), 자는 중명仲銘이다. 조선 후기 서예가, 언론인, 독립운동가이다.

조선 말기 중국어 역관이며 서화가, 수집가였던 오경석吳慶錫의 장남이다.

▶

글씨는 전서와 예서를 격식 있게 즐겨 썼다. 특히 전서와 예서를 혼합한 글씨나 와당瓦當, 고전古錢, 갑골문 형태의 구성 작품도 시도하여 독특한 경지를 이루었다. 또한 고서화의 감식과 전각篆刻에 있어서도 당대의 일인자였다. 합천 해인사 〈자통홍제존자사명대사비慈通弘濟尊者四溟大師碑〉의 두전頭篆(비석 몸체의 머리 부분에 돌려가며 쓴 전자篆字)을 비롯한 기념비 글씨도 전국 곳곳에 많이 남겼다.

임재동 서예 林在棟書藝 1

작품 설명

- 재질 : 지紙
- 화재 : 蘭意松心 (난의송심)
  난초의 뜻과 소나무의 마음이라는 뜻이다.
  뜻은 향기로운 난초처럼 부드럽게 하고, 마음은 소나무처럼 변함이 없고
  꿋꿋하게 하라는 말이다.

임재동(林在棟)

경남 산청 한학자로 호는 야천也泉이다.
의령군청에서 근무하였고, 〈의령서실〉을 운영하면서 작품 활동을 하였다.

임재동 서예 林在棟書藝 2

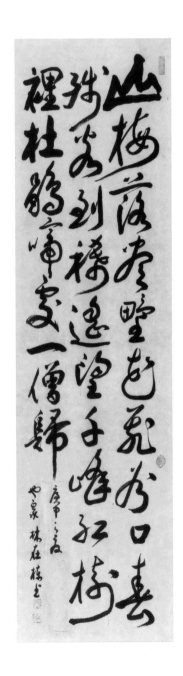

임재동 귀거래사 팔 폭 병풍 歸去來辭八幅屛風

친구 김상욱으로부터 기증받았다.

동천 이청복 서예 표구 東川李靑馥書藝表具

작품 설명

- 연도 : 2002년
- 재질 : 지紙

▶

이 작품은 엮은이가 대기업에 다니다 퇴직하고 소기업인 〈주식회사 패션캠프〉를 설립
하여 사무실을 열 때 아내의 친구로부터 선물로 받은 표구 작품이다. 온갖 상서로움이
구름처럼 몰려온다는 뜻을 담고 있다.

작가 이정복李靑馥

1948년 공주公州 출생. 한국화 화가로 인천교대 출신이다.
1983년 국제예술대전에 출품하였다.

제3회 원미술 대전 입선, 공무원 미술대전 입선 및 특선, 제10회 과천시전 대상 수상

박종삼 서예 朴鍾三書藝

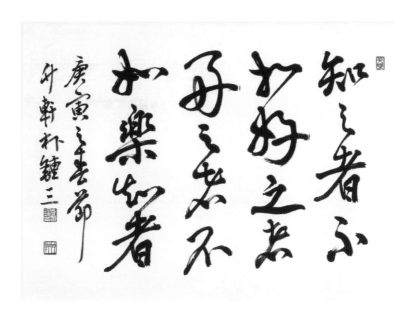

작품 설명

- 연도 : 2010년
- 재질 : 지紙
- 화재 : 知之者不如好之者, 好之者不如樂之者
  지지자불여호지자, 호지자불여락지자

▶
이 작품은 지인의 동생이 엮은이가 좋아하는 《논어(論語)》〈옹야편雍也篇〉에 나오는
공자孔子의 말인 "아는 사람은 좋아하는 사람만 못하다. 좋아하는 사람은 즐기는 사람만
못하다."를 엮은이에게 써준 선물이다.

밀물 최민렬 한글 서예 작품 1점 崔玟烈書藝作品一点

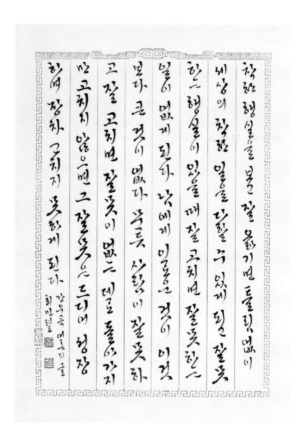

내용

착한 행실을 보고 잘 옮기면 틀림없이 세상의 착한 일을 다 할 수 있게 되고 잘못하는 행실이 있을 때 잘 고치면 잘못하는 일이 없게 된다. 남에게 이로운 것이 이것보다 큰 것이 없다. 무릇 사람이 잘못하고 잘 고치면 잘못이 없는 데로 돌아가지만 고치지 않으면 그 잘못은 드디어 성장하여 장차 고치지 못하게 된다.

<강우곡의 글>

최민렬崔玟烈

1947년 경남 남해군 출생 서예가. 호는 밀물, 해정海亭이다.

밀물 최민렬의 대표적인 서체인 서간체는 지독한 수집벽에서 나왔다고 해도 무리가 없다. 이루 셀 수 없을 정도로 많은 서간과 인쇄본은 물론이고 필사본을 수집하여 자료전도 여러 번 하였으니 그의 수집은 이미 취미를 넘어선 것이었다. 그는 이렇게 모은 자료들을 하나도 빠뜨리지 않고 연구하였고, 그 결과 경쾌하면서도 서법의 묘를 다한 그의 한글의 형식과 문체가 생성되었다.

강덕준姜德俊(강우곡姜愚谷)

강덕준은 1607년(선조 40) 출생한 조선 중엽의 학자로 자는 여득汝得, 호는 우곡愚谷이며 본관은 진주晉州이다. 저서로 ≪우곡선생훈자격언愚谷先生訓子格言≫이 있다.

위 최민렬 작품 내용에 나오는 글은 강덕준의 저서 ≪우곡선생훈자격언愚谷先生訓子格言≫ 에서 간략하게 뽑은 글이다.

소운 함영식 사시팔경도 팔 폭 병풍
少雲咸榮植四時八景圖八幅屏風

소운 함영식

충남 예산 출생.

채당蔡塘 한유동韓維東 선생 사사.

국전 입선 5회: 23회, 25회, 26회, 27회, 28회

백양회 공모전 특선

김해 미술 대상전 특선

한국 정예 작가전 출품

금니 금강경 사경 팔 폭 병풍 金泥金剛經寫經八幅屛風

작가: 정웅표 스님

홍성에 있는 작은 암자에서 수행하던 스님으로 현재는 작고했다. 속명은 정웅표, 호는
당암이다.

▶

금강경은 금강반야경金剛般若經, 금강반야바라밀경金剛般若波羅密經이라고도 하는데 부처
님의 지혜를 금강의 견실함에 비유하여 해설한 불경으로 우리나라 조계종의 기본
경전으로 5,149자로 씌어져 있다.

〈청송재〉가 보유한 금니 금강경 사경의 작가는 그렇게 유명한 분이 아니나 금니로
금강경 5,149자를 한 치의 오차도 없이 정성스럽게 쓴 것이 놀랍다. 표구는 인사동
〈운경표구사〉(대표: 김용신)작품이다.

김정희 서예 金正喜書藝

해설

추사체로 만수무강(萬壽無疆)이라고 쓰여 있고, 추사 김정희 선생의 낙관이 찍혀
있는 작품으로 진품이 아니고 영인본인 듯하다. 엮은이 친구의 장인이 사위인 친구에게
준 것을 친구가 엮은이에게 임재동 선생의 서예 작품 2점과 귀거래사 전문이 씌어
있는 8폭 병풍 한 점과 함께 〈청송재〉에 선물한 것이다.

古文書
·
冊

양현전심록 춘하추동 4책 兩賢傳心錄春夏秋冬四冊

≪**양현전심록**兩賢傳心錄≫

정조의 명으로 송대의 주희朱熹와 조선 숙종 때 송시열宋時烈의 문집 속에서 심법心法에
관한 내용을 뽑아 엮은 책이다.

▶

1774년(영조 50) 정조가 동궁이었을 때 이시원李始源 등에게 명해 편찬하도록 하였으며,
1795년에 간행되었다. 1856년(철종 7년)에는 중간본이 간행되었다.
8권 4책의 목판본으로〈규장각〉도서와〈국립중앙도서관〉등에 있다.

▶▶

〈청송재〉가 소장하고 있는 ≪양현전심록(兩賢傳心錄)≫은 쓴 사람이 알려져 있지 않은
필사본으로 아주 정교하고 아름다운 필체로 쓰여 있다.

≪양현전심록兩賢傳心錄≫ 해설

권1~4는 주자의 문집 속에서 뽑은 것으로서, 권1에는 주희가 위원리魏元履·장식張栻·유자징劉子澄 등 당시의 학자들과 주고받은 서간문 18개를 실었다. 권2에는 봉사封事로서 〈임오응조봉사壬午應詔封事〉와 〈무신봉사戊申封事〉가 들어 있으며 정조의 간단한 어정주御定注가 붙어 있다. 권3에는 〈기유봉사己酉封事〉와 주차奏箚로서 7개의 주차가 실려 있다. 권4에는 의장議狀·설·서序·부·시 등이 실려 있다.

권5~8은 송시열의 문집 속에서 뽑은 것으로서, 권5에는 송시열이 안방준安邦俊, 유계兪棨, 박세채朴世采, 권상하權尙夏와 주고받은 편지 5편이 실려 있다. 권6에는 〈기축봉사己丑封事〉와 〈정유봉사丁酉封事〉, 권7에는 소차疏箚와 유소遺疏로서 〈청이효종대왕묘위세실소請以孝宗大王廟爲世室疏〉, 〈청추상휘호어태묘소請追上徽號於太廟疏〉, 〈논대의잉진윤증사소論大義仍陳尹拯事疏〉, 〈기사유월유소己巳六月遺疏〉, 〈사초구차辭貂裘箚〉, 〈진수당주차進修堂奏箚〉가 있다. 권8에는 지문誌文, 비, 서序, 발, 명, 전, 부, 시 등이 있다.

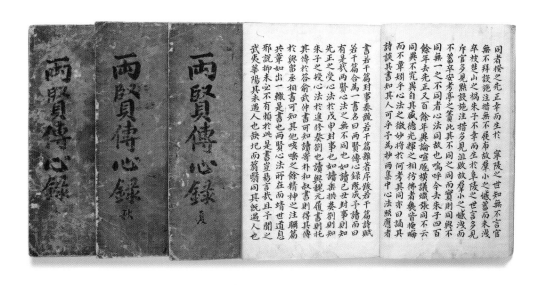

소황척독 천지인 3책 蘇黃尺牘天地人三冊

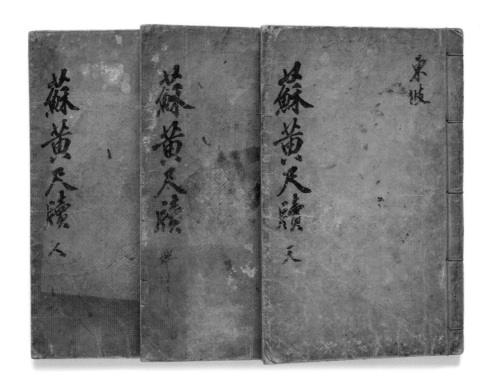

≪소황척독蘇黃尺牘≫

동파東坡 소식蘇軾과 산곡山谷 황정견黃庭堅의 편지 글을 모아 놓은 책이다.

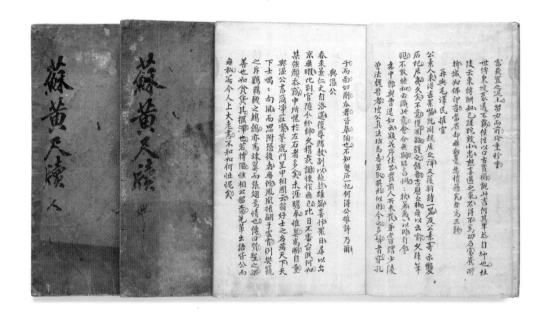

▶ 〈청송재〉 보유 ≪소황척독≫은 ≪청앵당선소장공척독聽嚶堂選蘇長公尺牘≫과 ≪청앵당
선황산곡척독聽嚶堂選黃山谷尺牘≫을 모아놓은 서책이다.

▶▶ 〈청송재〉 보유 ≪소황척독≫은 앞에서 소개한 ≪양현전심록≫과 달리 글자체가 균일하
지 못하여 마치 여러 사람이 쓴 것 같다는 느낌이 든다.

▶▶▶ 청앵당은 청나라 인물로 추정되지만 정확히 누구인지는 알려져 있지 않다.

東洋畫

소치 허련의 묵국도 小癡許鍊墨菊圖

제목: 묵국도

재질: 종이에 수묵

크기: 59.5cm × 36cm

화제畵題 해설

無由摘向牙箱裏 飛上方諸贈列仙(무유적향아상리 비상방저증열선)

따다가 상아 상자 속에 넣을 방법이 없어 방저로 날아올라 열선께 드리네.

작가 허련

1808년~1893년. 조선 후기 화가이다.

전라남도 진도 출신으로 본관은 양천이다. 자는 정일精一, 정일晶一, 마힐摩詰, 호는 소치小癡, 소치거사小癡居士, 노치老癡, 석치石癡, 매수梅叟, 승산升山, 이봉二峰, 죽창竹傖, 혜전蕙顚 등을 썼다.

호남화단의 실질적 종조宗祖라 일컬어진다.

몰락한 양반가 출신의 화가로서 우리나라 전통 시대의 화가 가운데 가장 많은 작품과 기록을 남긴 화가이자 다채로운 여행 편력 등으로도 유명하다.

1856년 추사가 타계하자 고향 진도로 낙향하여 〈운림산방雲林山房〉을 짓고 정주하였다. 이후 1866년 상경하였다. 1877년 70세에 흥선대원군을 만났을 때 흥선대원군은 그를 두고 "평생에 맺은 인연이 난초처럼 향기롭다(平生結契其臭如蘭)"고 말했다고 전해진다. 그는 글, 그림, 글씨를 모두 잘하여 삼절三絶로 불렸으며 그 중에서도 특히 묵죽墨竹을 잘 그렸다. 글씨는 김정희의 글씨를 따라 화제畫題에 흔히 추사체秋史體를 썼다.

허련은 산수화 외에도 인물, 사군자, 모란, 괴석 등 여러 화제에서도 뛰어난 기량을 보였다. 특히 묵모란 그림은 그가 허모란許牡丹으로 불리어질 정도로 유명한 화제이었다.

사호 송수면의 묵매 2점 沙湖宋修勉墨梅二点

묵매1

묵매2

제목: 묵매

재질: 종이에 수묵

크기: 111cm × 28.5cm

화제畵題 해설: 묵매1

姑射仙人煉玉砂 丹光晴貫洞中霞(고사선인련옥사 단광청관동중하)
고사산의 신선은 옥사로 사람을 단련하고
붉은 빛의 눈을 밝게 해 골짜기 안개 속을 보게 하네.

화제畵題 해설: 묵매2

風流自有高人識 冷落猶嫌俗客看(풍류자유고인식 냉락유혐속객간)
풍류를 즐기면 본래 풍치가 고상한 사람이라 인정받고
냉락하면 오히려 신세지는 속객으로 취급 받는다네.

작가 송수면宋修勉

1847년~1916년.

조선 말기에서 근대기에 활동한 문인, 서화가이다. 자는 안여顏汝, 호는 사호沙湖이며, 만년에는 노호老湖라고도 하였다. 본관은 여산驪山이다.

송수면의 회화는 사군자가 주를 이루며 섬세한 화풍의 호접도로 유명하다. 그 외에도 산수, 모란, 포도, 소 그림 등 다방면에 걸쳐 두루 관심을 가지고 작품을 남겼다. 사군자 중에서는 주로 묵매와 묵죽을 전통 화풍으로 그렸다. 송수면의 묵매는 그의 회화 작품 중 가장 많은 수를 차지하며 그만의 독특한 화풍을 보인다. 여러 폭의 병풍에 그린 묵매는 다양한 구도에 고식을 띠면서도 구불거리는 가지, 수많은 태점 등을 특징으로 한다. 여기에 꽃은 윤곽을 그리는 권법의 단정한 모양에 간결한 꽃술, 특히 옆모습의 꽃은 꽃술을 두 개 나란히 세워 조선 중기 매화도에 보이는 특징을 가지는 점이 독특하다. 사군자나 산수화와는 달리 꽃과 나비를 그린 호접도에서는 여러 종류의 나비를 사실적으로 표현하여 송나비라 불렸다는 명성을 유감없이 보여 준다. 송수면의 회화는 허련 이후 호남화단에 풍미하였던 남종문인화풍과는 다른 경향이다.

의재 허백련의 묵죽과 묵란 毅齋許白鍊墨竹墨蘭

제목: 묵죽, 묵란

재질: 종이에 수묵

크기: 묵죽(133cm ×330cm)

　　묵란(129.5cm × 32.5cm)

묵죽(1940년대)　　　묵란(1951년 이후)

화제畵題 해설: 묵죽墨竹

露葉風梢承硯滴 湘江一曲在吾盧(노엽풍초승연적 상강일곡재오로)
이슬 잎 바람 맞은 가지 그려 넣으니 상강 한 구비가 내 오두막에 있구나.

화제畵題 해설: 묵란墨蘭

托跡不辭嚴谷深 異于蕭艾亦何心(탁적불사엄곡심 이우소예역하심)
清風披拂自多思 斜日淡雲香滿林(청풍피불자다사 사일담운향만림)
바위 골짝 깊은 곳에 자취 남기기 마다하지 않으니
쑥대와 다른 것은 또한 무슨 마음인가.
맑은 바람 살랑이면 저절로 생각이 많아지고
저무는 해 맑은 구름 아래 향기는 숲에 가득하다네.

작가 허백련許白鍊

근현대기에 활동한 화가이다. 자는 행민行敏, 호는 의재毅齋. 의재산인毅齋散人, 의도인毅道人, 본관은 양천陽川이다. 조선 말기 서화가인 허련許鍊이 종고조부從高祖父가 된다. 국내에 정착하여 〈제1회 조선미술전람회〉 동양화부에서 〈추경산수도〉로 1등 없는 2등상을 수상하면서부터 화려하게 언론의 주목을 받았다. 산수, 화조, 영모, 사군자 등 다양한 화재畵材를 섭렵했으나, 그 가운데서도 산수화에 뛰어난 업적을 남겼다.

허백련의 작품 세계는 일반적으로 3시기로 구분되는데, 작품에 사용한 낙관落款을 기준으로 한 것이다. 화필을 잡으면서부터 1930년대까지를 '의재毅齋 시대'라고 하는데 주로 조선미전에서 활약하던 시기를 포함한다. 1940년부터 '의재산인毅齋散人'이라는 낙관을 사용하였다. '의재산인' 시기는 광주에 정착하여 가장 왕성한 작품 활동을 하였던 시기이다. 1951년에 회갑을 맞고 '의도인毅道人'이라 호號하였는데 이것이 3번째 시기로 분류된다. 회갑 이후의 '의도인' 시기에는 작품에 허백련만의 특징적인 갈필이 더해지고 작품의 원숙미가 형성되었다.

▶

〈청송재〉가 소장하고 있는 허백련의 작품 2점 중 묵죽은 1940년대 작품으로, 묵란은 1950년대 작품으로 추정된다.

운당 성재휴의 산수화 4점 雲塘成在烋山水畵四点

제목: 산수화

재질: 종이에 수묵

▶

〈청송재〉보유 성재휴 작품은 지인으로부터 선물 받은 작품으로 운당이라는 호를
사용하고 있어 1934년~1937년 의제 허백련 문하에서 산수화를 사사할 때 그린 그림으
로 추정된다.

작가 성재휴成在休

1915년 1월 29일 출생, 1996년 8월 29일 사망.
본관은 창녕, 호는 운당雲塘, 풍곡豊谷, 야운野雲이다.

경상남도 창녕에서 출생한 동양화가이다. 대구에서 서병오徐丙五에게 사군자 등 묵화를 배우다가 1934년에 광주로 가서 허백련許百鍊의 문하생이 되어 약 3년간 산수 화법을 사사했다.

1950년대 고암顧庵 이응로李應魯의 필법에서 받은 영향을 자신만의 현대적이고 독특한 수묵화로 소화해내었으며, 1957년부터 1962년까지 조선일보사 주최의 ≪현대작가초대전≫에 고암 이응로와 더불어 초대될 만큼 큰 평가를 받았다.

전통적인 원근법을 무시한 평면성, 종래의 준법皴法(산수화에서 산이나 돌에 주름을 그려 입체감을 나타내는 화법)을 파괴한 새롭고 개성 있는 기법, 적赤, 황黃, 청靑 삼원색의 대비 등 '탈脫 전통의 조형'으로 현대 한국 동양화에서 독특한 위치를 차지하였다. 수도여자사범대학 교수, 〈동아미술제전〉 심사위원, 〈중앙미술대상전〉 심사위원, 〈국전〉 심사위원을 역임하였다.

성재휴의 호는 20대에 석재 서병오 문하에서 문인화와 산수화를 공부할 때 용묵의 기초를 익히고 두루 그림 세계를 섭렵하여 호를 '야운野雲'이라 썼다. 1934년 의재 허백련 문하에 들어가면서는 '운당雲塘'이라는 호를 썼고, 작품세계가 더 넓어지면서 자호를 '풍곡豊谷'이라 지어 썼다.

옥전沃田 강지주姜智周의 낚시 산수

· 작품에 새겨놓은 '養怡軒主人沃田'이란 글 뜻은 즐거움을 배양하는 집(양이헌) 주인 옥전(작가의 호)이라는 뜻이다.

· 이 작품은 〈청송재〉 개업 시 친구 정우영으로부터 선물 받아 더욱 의미 깊다.

제목: 낚시 산수
창작 연도: 2018년
재료: 종이에 채색
크기: 53cm × 46cm(약 11호)

작가 강지주姜智周

옥전 강지주는 진도 출신으로 1936년생이다. 의재 허백련 선생과 옥산 김옥진 선생에게서 사사하였으며 전통 한국화의 맥을 이어오고 있다.

서라벌예술대학 동양학과 졸업
동국대학교 교육대학원 미술교육과 석사
2005년 제8회 국민예술협 서울 미술전람회 운영위원장
2004년 대한민국미술대전 운영위원
2003년 한국문화미술대전 문화훈장

이종목李鍾穆의 북한산

제목: 북한산
재료: 한지에 수묵담채
크기: 74cm × 40cm

작가 이종목李鍾穆

1957년 충청북도 청원에서 태어났다.
1983년 서울대학교 회화과를 졸업하고
1987년 서울대학교 미술대학원에서 동양화를 전공했다.
현재 이화여자대학교 조형예술대학 미술학부 교수이다.

하판덕河判德의 眞 - 백목지장

작품명: 眞 - 백목지장
창작 연도: 2019년
재료: 종이에 채색
크기: 50cm × 72.7cm

작가 하판덕

1963년생.
홍익대학교 서양화과를 졸업하고 홍익대학교 대학원 석사를 마쳤다.
현재 호서대학교 디지털문화예술학부 애니메이션 전공 교수이다.
〈한국미술대전〉에서 5회 연속 특선 수상 작가이다.

전영의 금강산 만물상의 소나무

작품명: 금강산 만물상의 소나무

창작 연도: 2006년

국가: 조선민주주의인민공화국

재료: 종이에 채색

크기: 68.5cm × 137cm

작가 전영

전영은 북한 인민예술가로 〈조선미술가동맹〉 중앙위 서기장을 역임하였다. 인민예술
가는 공훈예술가보다 더 권위 있는 칭호이다.

▷

〈청송재〉 소장 〈금강산 만물상의 소나무〉는 금강산 만물상 바위에서 힘차고 꿋꿋하게
자라는 푸른 소나무를 그린 것으로 소나무 줄기와 솔잎의 표현이 정교하고 독특하다.
그림 우측 상단에는 생동하는 매 두 마리가 그려져 있어 여백의 공허함을 메워주고
있다.

정희정鄭熙精의 신개골산

작품명: 新皆骨山(신개골산)

창작 연도 : 2014년

재료: 장지에 화선지 꼴라쥬, 향, 라이터 및 혼합 재료

크기 : 73cm × 91cm

작가 정희정

창원대학교 예술대학 미술학과 졸업
경남전업미술가협회 기획위원
국립 창원대학교 예술대학 미술학과 사무국장 역임
2018년 경남미술대전 추천작가상(경남미술협회)

작품 해설

이 작품은 소재와 기법에서 특색이 있다. 금강산의 겨울 이름이 개골산이다. 개골산의
눈 덮인 바위와 한겨울 꽁꽁 언 폭포는 화선지 그대로 백색으로 드러내 놓았고, 눈
덮이지 않은 나목은 화선지를 태워 갈색으로, 눈 덮이지 않은 바위는 짙은 회색으로
나타냈다. 그림 중앙에는 붉은 색 옷을 입은 사람의 모습이 형상화되어 있는데 한겨울
개골산에서도 풍류를 즐기는 모습으로 보여 인상적이다.

한상익韓相益의 금강산

작품명 : 금강산
재료: 종이에 채색
크기 : 35.7cm × 26cm(약 5호)

작가 한상익

1917년 9월 2일 출생, 1997년 10월 22일 사망. 함경북도 함주군 출신 화가이다.
그의 창작 생활에서의 전성기는 평양미술대학에서 교편을 잡던 시기였다. 한상익
작가는 금강산과 원산의 명승지들을 편답하면서 〈백두산〉, 〈국화〉, 〈만물상〉, 〈구룡각〉,
〈봄날의 온정리〉, 〈왕찔레꽃〉, 〈선하계의 가을〉, 〈금강산넘주담〉, 〈삼일포〉, 〈옥류동의
가을〉, 〈총석정〉, 〈비봉폭포〉 등 근 200점에 달하는 작품을 창작하였다. 이 작품들에는
유화를 조선화 기법으로 창작하여 우리식의 유화를 창조하려는 그의 시도가 용해되어
있다.

西洋畵
·
기타

Koen Van Den Broek의 Santa Claus

작품명: Santa Claus

창작 연도: 2016년

재료: Oil on Canvas

규격: 150cm × 100cm

▶

작가 쿤 반 덴 브룩은 엮은이의 친구와 잘 아는 사이로 엮은이 친구의 제주도 별장에
작가가 화실로 사용하는 공간이 있다.

작가 Koen Van Den Broek

1973년생.

유럽의 차세대 화가로 떠오르고 있는 벨기에의 화가이다. 그는 북유럽 스타일의 화사하고 세련된 색상으로 추상과 구상을 넘나드는 회화 작업을 펼치는 신흥 작가로 추상 이상의 추상 화가로 평가받고 있다.

우리나라에서는 〈갤러리 바톤〉에서 네 번 개인전을 개최했다.
2012년 The East to the West and Back, 2013년 자일론, 2015년 Sign Wave, 2018년 A Glowing Day이다.

쿤 반 덴 브룩의 회화에서 가장 눈에 띄는 것은 한 단어로 정의하기 어려운, 오랜 시간 체득을 통해 구체화된 작가만의 구성법이다. 학부에서 건축을 전공한 쿤은 건축학 전공에 근거해 주로 도시 변두리에 산재되어 있는 도로 표지판, 주차장, 보도의 그리드, 아스팔트 균열, 그림자, 인터체인지, 교각, 도로 경계선 등의 기하학적 구조를 탐구한다. 어딘가 분명히 존재하는 장면이지만 인간의 모습을 철저히 배제한 채 대상의 선과 면, 음영만을 창의적으로 부각시킨 결과물은 생경하고 이국적인 풍경을 보여준다.

쿤은 프랑스의 대표 화가 앙리 마티스(Henri Matisse, 1869-1954)의 대담한 구성과 컬러, 벨기에 현대 회화의 거장 뤼크 튀이먼(Luc Tuymans, b. 1958)의 멜랑꼴리한 미감을 동시에 취하면서도, 자신만의 추상성을 전개함으로 국제 미술계의 주목을 받아왔다. 실재와 은유 사이를 자유로이 오가며 벨기에 현대 회화의 흐름을 선도하는 쿤 반 덴 브룩은 루벤가톨릭대학교에서 건축학을 전공한 이후 앤트워프 왕립미술원, 네덜란드 브레다 아카데미 오브 비주얼 아트, HISK 플랜더스 등에서 회화를 전공하였다.

그의 작품은 SF MoMA, S.M.A.K, LACMA, 삼성미술관 리움 등 세계의 주요한 미술 기관에 소장되어 있다.

김형식의 New Minimal - B1806

작품명: New Minimal B1806
창작 연도: 2018년
재료: Mixed Media(Gel Stone etc.)
크기: 109cm × 80.3cm

작가 김형식

김형식은 한국 뉴미니멀 아트의 대가이다. 대상과 나의 존재를 색면 회화로 표현한 것이 김형식의 뉴미니멀 아트이다. 자연에 대한 사유과 정신적인 사유의 세계를 하나의 존재로 일체화하여 색면 회화로 표현하였으며 화면에 등장한 색면은 세계, 자연, 우주 등 대상의 단면을 나타내고, 입체적인 네모 또는 원형은 사유에 대한 나의 함축적인 언어의 표현이며 색면의 테두리에 나타나는 번짐은 만물과 공간과의 통합을 시도하는 관계성으로 이어진다. 즉 작품 공간에서 들어나는 이미지들은 노장사상의 무위자연설을 연상케 하는 정신적 사유의 세계를 표현하려고 했으며, 이런 과정을 통해 New minmal을 표현한 것이 김형식의 작품 세계이다.

김형식 작가 작품의 주요 특징으로는 배경 화면은 주로 '젤 스톤'으로 처리하였는데 칠하기가 여간 어려운 것이 아니라고 한다. 또 색면의 테두리의 번짐 효과를 내는 것은 어렵기도 하거니와 이 기법은 세계 유일의 기법으로 작가 자신의 마스코트이며 세계적으로도 상당히 알려져 있다.

김창한의 유화 4점

작품명: 사과꽃
창작 연도: 2004년
재료: Oil on Linen
크기: 51cm × 44cm

작품명: 사과꽃
창작 연도: 2007년
재료: Oil on Linen
크기: 77cm × 69cm

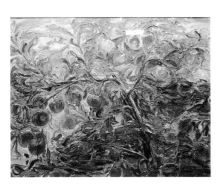

작품명: 사과
창작 연도: 2008년
재료: Oil on Linen
크기: 116cm × 88cm

작품명: 감
(청도가 주산인 반시 닮았다.)
창작 연도: 2009년
색채: Oil on Linen
크기: 44cm × 36cm

작가 김창한

1987년 홍익대학교 미술대학 서양학과 졸업
1991년 홍익대학교 대학원 서양학과 졸업
2010년 개인 작품집 발간(도서출판BMK)
1997년부터 2017년까지 국내와 국외에서 개인전 36회 개최

김창한 작가는 1964년 경북 영주 출생이다. 1987년 홍익대학교 미술대학 서양화과를 졸업하고 1991년 동 대학원 서양학과를 졸업하였다. 2018년 2월 28일, 23년간 몸담았던 울산예고의 교직을 사직하고 전업 작가로 활동하고 있다.

김창한 작가의 작품 경향은 원초적인 생명력이 넘치는 자연의 순수함과 일상 속의 건강하고 자유스러운 삶의 모습을 화폭에 담은 것이었다. 그는 잠자리, 과수원, 꽃, 낙엽 그리고 대지의 변화무쌍함을 즐겨 그렸다. 특히 매화 중 홍매화 작품이 유명하며 그의 고향이 사과, 감 등 과수원이 많아 사과 꽃과 사과 그리고 감을 많이 그렸다.

엮은이의 아내는 청도의 사과 밭에서 태어난 때문인지 사과, 복숭아, 감 등 과일 꽃을 보면 아직도 가슴이 설렌다고 한다. 그래서인지 우리 집에는 김창한 작가의 사과 그림 세 점과 청도 반시를 상징하는 감 그림 한 점을 구입하여 걸어놓고 있다. 생명력이 넘치는 역동적인 그의 그림은 우리 집의 과수원이 되어 사과나무가 넘실대며 자라고 사과 꽃향기와 사과 향기가 풍기는 듯하다.

엮은이 아내와 김창한 작가와의 인연은 특이하다. 엮은이 아내의 초등학교 교사 친구가 영주에 부임하여 미술학원을 다닐 때 김창한 작가는 고등학생 신분으로 같은 미술학원에서 그림을 같이 배웠다고 한다. 그러다 김창한 작가는 홍익대학교 미술대학으로 진학하였다. 그 이후로도 아내의 친구와 김창한 작가는 교류하며 지내다 전시회에 초대받아 가게 되었다. 이때 아내도 전시회에 함께 가 김창한 작가 그림을 감상하다 아내가 어릴 적부터 간직하고 있던 사과 과수원에서 태어난 감성이 분출해 김창한 작가의 작품을 네 점이나 구입하게 되었다고 한다.

이애재의 신성한 숲

작가: 이애재
작품명: 신성한 숲
재료: Mixed Media
크기: 20cm × 20cm

작가 이애재

성신여자대학교 및 동대학원 서양학과 졸업
성신여자대학교, 한국교원대학교 강사, 한남대학교 겸임교수 역임
〈미술협회〉, 〈여류화가회〉 회원이며 〈마북동사람들〉 종신 회장

이애재 작가는 자신의 모든 작품을 "신성한 숲(Sacred Forest)"라고 부르며, 인간의 인식으로 재단되기 이전의 숲 자체, 야생과 야성을 고스란히 간직하고 있는 숲의 영성에 대한 경의감을 표현한다.

〈청송재〉에서 소장하고 있는 〈신성한 숲〉은 〈마북동사람들〉 10주년 기념 전시회에 재능 기부한 엮은이의 지인인 성악가 박선기 씨가 이애재 작가로부터 선물 받은 작품을 〈청송재〉 새단장 기념 선물로 기증한 작품이다. 이 작품을 보고 있노라면 숲에서 뿜어내는 강렬한 환의의 야성 에너지가 분출되는 듯하다.

장정원의 린다의 정원 모사 작품

재료: Oil on Linen

크기 : 90cm × 65cm

그린 이 장정원

그린 이 장정원은 엮은이의 둘째딸이다. 이 작품은 딸이 대학교 미술 동아리 회장을 하면서 그린 그림으로 타샤 튜더(Tasha Tudor)가 그의 정원에서 따온 꽃들로 꽃꽂이 해둔 식탁에서 산딸기를 따다 먹으면서 커피 마시는 모습의 사진을 그대로 그린 것으로 작품 이름은 〈린다의 정원〉으로 붙였다. 린다는 엮은이의 아내이자 그린 이의 어머니가 영어를 배울 때 사용한 이름이다. 비록 사진을 모사한 작품이기는 해도 딸기와 커피의 색깔이 너무 사실적이어서 집어먹고 싶고, 마시고 싶을 충동이 생길 정도이다. 모사한 대상은 월북 간행 ≪타샤의 정원≫ 28~29면 사진이다.

타샤 튜더(Tasha Tudor)

미국에서 가장 사랑받는 동화작가로 칼데콧 상을 수상하였다. ≪비밀의 화원≫과 ≪사라의 이야기≫에 일러스트를 그린 화가이다. 그는 버몬트 주 시골에 집을 짓고 30만 평이나 되는 단지에 그림처럼 아름답고 매혹적인 정원을 가꾸며 살았다.

박승훈의 사진 작품 TEXTUS_072

작품명: TEXTUS_072
창작 연도 2011년
크기 130cm × 105cm

작품설명

박승훈의 〈TEXTUS〉 시리즈는 영화용 필름으로 촬영된 이미지를 매듭진 형태로
표현한 작품들로 익숙한 공간을 새로운 시각으로 바라보게 만드는 작품들이다.

우치선禹致善의 청자상감운학류문화병

작품명: 청자상감운학류문화병
재료: 도자기 Mixed Media
크기: 19cm × 36(H)cm

작가 우치선

1919년 11월 2일 출생, 2003년 사망.

〈만수대창작사〉 소속의 북한을 대표하는 도예가로 13살이 되던 1932년부터 도자기
창작을 시작하여 18살이 되던 1937년 서울에서 열린 〈전국도예전〉에 고려청자기를
출품하여 입상하였다. 그는 특히 고려청자를 재현하는 데 평생을 바친 인물로 고려청자
의 상감기법을 완성시켜 북한에서는 '고려청자의 왕'으로 불린다. 고려청자의 멋을
살린 공을 인정받아 북한에서 예술가로서는 최고 명예칭호인 인민예술가 칭호를 받았
다. 한국에서는 1995년 〈광주비엔날레〉를 비롯해 2006년에 열린 〈남북공예교류전〉
등 각종 국내 전시회에도 그의 작품이 전시되었다.